श्रेष्ठ भारतीय साहित्य

भारतीय ज्ञानपीठ

मूर्तिदेवी ग्रन्थमाला : अपभ्रंश ग्रन्थांक–27

महाकवि रइधू कृत

रिसहपुत्त भरह–बाहुबलि–चरिउ

[ऋषभपुत्र भरत–बाहुबलि चरित]

(प्रथमानुयोग का अद्‌भुत अपभ्रंश चरित–काव्य)

सम्पादन एवं अनुवाद

प्रो. डॉ. राजाराम जैन

प्रो. डॉ. (श्रीमती) विद्यावती जैन

भारतीय ज्ञानपीठ

प्रथम संस्करण : 2020 □ मूल्य : 180 रुपये

ISBN 978-93-87919-87-7

भारतीय ज्ञानपीठ

(स्थापना : फाल्गुन कृष्ण 9; वीर नि. सं. 2470; विक्रम सं. 2000; 18 फरवरी 1944)

पुण्यश्लोका माता मूर्तिदेवी की स्मृति में
साहू शान्तिप्रसाद जैन द्वारा संस्थापित एवं
उनकी धर्मपत्नी श्रीमती रमा जैन द्वारा सम्पोषित

मूर्तिदेवी ग्रन्थमाला

इस ग्रन्थमाला के अन्तर्गत प्राकृत, संस्कृत, अपभ्रंश, हिन्दी, कन्नड़, तमिल आदि प्राचीन भाषाओं में उपलब्ध आगमिक, दार्शनिक, पौराणिक, साहित्यिक, ऐतिहासिक आदि विविध विषयक जैन साहित्य का अनुसन्धानपूर्ण सम्पादन तथा उनके मूल और यथासम्भव अनुवाद आदि के साथ प्रकाशन हो रहा है। जैन-भण्डारों की ग्रन्थसूचियाँ, शिलालेख-संग्रह, कला एवं स्थापत्य पर विशिष्ट विद्वानों के अध्ययन-ग्रन्थ और लोकहितकारी जैन साहित्य ग्रन्थ भी इस ग्रन्थमाला में प्रकाशित हो रहे हैं।

•

प्रकाशक

भारतीय ज्ञानपीठ

18, इन्स्टीट्यूशनल एरिया, लोदी रोड, नयी दिल्ली-110 003

मुद्रक : भारतीय ज्ञानपीठ, नयी दिल्ली

Moortidevi Granthamala : Apabhransh Grantha No. 27

Written by Mahakavi Raidhu

RISAHPUTTA BHARAH-BAHUBALI -CHARIU

(Rishabh- Putra Bharat-Bahubali- Charit)

(Apabhramsha's old rare manuscript Contaning The subject related to Prathamanuyoga)

Edited and Translated by
Prof. Dr. Rajaram Jain
Prof. Dr.(Mrs.) Vidyawati Jain

BHARATIYA JNANPITH

First Edition : 2020 □ Price : Rs. 180

ISBN 978-93-87919-87-7

BHARATIYA JNANPITH

(Founded on Phalguna Krishna 9; Vira N. Sam. 2470; Vikrama Sam. 2000; 18th Feb. 1944)

MOORTIDEVI GRANTHAMALA

FOUNDED BY

Sahu Shanti Prasad Jain

In memory of his illustrious mother Smt. Moortidevi

and

promoted by his benevolent wife

Smt. Rama Jain

In this Granthamala critically edited Jain Agamic, philosophical, puranic, literary, Historical and other original texts in Prakrit, Sanskrit, Apabhramsha, Hindi, Kannada, Tamil etc. are being published in the original form with their translations in modern languages. Catalogues of Jain bhandaras, inscriptions, studies on art and Architecture by competent scholars and popular Jain literature are also being published.

•

Published by

Bharatiya Jnanpith

18, Institutional Area, Lodi Road, New Delhi-110 003

Printed at : Bharatiya Jnanpith, New Delhi-110 003

प्रस्तावना

भगवान् बाहुबलि प्राच्य भारतीय संस्कृति के अनन्य प्रतीक हैं। उनके चरित के माध्यम से संस्कृत, प्राकृत, अपभ्रंश, कन्नड़, राजस्थानी एवं हिन्दी के कवियों ने समकालीन राजनैतिक, सामाजिक एवं पारिवारिक विविध पक्षों को मार्मिक-शैली में मुखरित किया है। राजनैतिक दृष्टि से पोदनपुर में उनकी आदर्श राज्य-व्यवस्था सामन्ती युग में भी प्रजातन्त्रीय विचारधारा तथा शत्रु राजाओं के समक्ष बल, वीर्य, पुरुषार्थ एवं पराक्रम का प्रदर्शन अपना विशेष महत्त्व रखता है। सामाजिक दृष्टि से ब्राह्मी एवं सुन्दरी नाम की अपनी बहिनों के साथ उनका ७२ कलाओं का ग्रहण वस्तुत: उनकी स्वस्थ, बलिष्ठ, सुरुचि-सम्पन्न एवं समृद्ध-समाज की परिकल्पना की प्रतीक है। इसीप्रकार उनका पारिवारिक-जीवन भी बड़ों के प्रति आदर-सम्मान की भावना के साथ-साथ स्वतन्त्र एवं स्वाभिमानी जीवन जीने का एक आदर्श उदाहरण प्रस्तुत करता है। अध्यात्म-साधना की दृष्टि से भी उनका विषम-उपसर्ग-सहन तथा कठोर तपश्चरण करने का उदाहरण अन्यत्र नहीं मिलता। विश्व में इसप्रकार के उदात्त एवं सर्वांगीण जीवन बिरले ही मिलते हैं। जो होंगे भी, उनमें बाहुबलि का स्थान निस्सन्देह ही सर्वोपरि है। यहीकारण है कि एक ओर जहाँ युगों-युगों से साहित्यकार अपनी साहित्यिक कृतियों में उन्हें महानायक के रूप में चित्रितकर अपनी भावभीनी श्रद्धाञ्जलियाँ व्यक्त करते रहे, तो दूसरी ओर शिल्पकार भी अपने चातुर्य-पूर्ण शिल्प से विशाल मूर्तियों का निर्माण कर उनके चरणों में निरन्तर अपनी पूज्य बुद्धि व्यक्त करते रहे।

आधुनिक भाषा में कह सकते हैं कि भगवान् बाहुबलि भारतीय भावात्मक एकता के प्रतीक रहे हैं। यदि वे उत्तर-भारत के अयोध्या में जन्मे और पोदनपुर, जो कि वर्तमान में सम्भवत: पाकिस्तान में कहीं पर स्थित है, से सम्बद्ध थे, तो उन्हें

धवलयश एवं प्रतिष्ठा मिली दक्षिण भारत में। उत्तर भारतीय उस महापुरुष के चरित का अंकन, चाहे वह साहित्यिक हो और चाहे शिल्पकलात्मक, उसे प्रथमतः एवं अधिकांशतः दक्षिण भारतीयों ने ही विशेष रूप से किया है। उनकी लेखनी एवं छैनी से ही उनका काव्यात्मक, कलात्मक, आकर्षक एवं धवल रूप इतना भव्य बन सका कि उनको देखते, सुनते एवं पढ़ते ही भावुक हृदय पाठक भाव-विभोर हो उठता है। आठवीं सदी के गंग-नरेश रायमल्ल के परम विश्वस्त मन्त्री महामति चामुण्डराय प्रथम महापुरुष थे, जिन्होंने अपनी तीर्थस्वरूपा माता की कल्पना को साकार बनाने हेतु सर्वप्रथम ५७ फीट ऊँची बाहुबलि की भव्य मूर्ति का निर्माण श्रवणबेलगोल (कर्नाटक) में करवाया। कला के क्षेत्र में यह युक्ति सुप्रसिद्ध है कि- ''मूर्ति जब बहुत विशाल होती है, तब उसमें सौन्दर्य प्रायः नहीं ही आ पाता है। यदि विशाल मूर्ति में सौन्दर्य आ भी गया तो उसमें दैवी चमत्कार का अभाव रह सकता है, किन्तु गोम्मटेश्वर बाहुबलि की मूर्ति में तीनों तत्त्वों के मिश्रण से उसमें अपूर्व छटा उत्पन्न हो गई है।'' (दे. श्रवणबेलगोल शिलालेख सं. २३४)।

हमारा जहाँ तक अध्ययन है, बाहुबलि की (अर्थात् गोम्मटेश्वर की) यही सर्वप्रथम निर्मित एवं उत्तुंगकाय सुन्दरतम प्राचीन मूर्ति है। इससे प्रेरित होकर धीरे-धीरे अन्यत्र भी बाहुबलि की मूर्तियों का निर्माण होने लगा। दक्षिण-भारत की इस परम्परा ने उत्तर-भारत को भी पर्याप्त प्रेरित, प्रभावित किया है और अब यत्र-तत्र बाहुबलि की मूर्तियों का निर्माण होने लगा है। प्रारम्भ में ये मूर्तियाँ पाषाण से निर्मित होती थीं किन्तु अब धातु की भी प्रतिमाएँ बनने लगी हैं।

बाहुबलि चरित के लेखन के प्रमाण ईस्वी की प्रथम सदी से उपलब्ध होते हैं, किन्तु उस समय वह सर्वथा अविकसित था। आचार्य कुन्दकुन्द ने भावपाहुड की ४४वीं गाथा में कठोर तपश्चर्या के प्रसंग में उनका उल्लेख किया है, किन्तु वह विकासशील अवश्य बना रहा। ७वीं सदी तक उसकी कथा में पर्याप्त विकास हुआ। उसे आलंकारिक रूप भी प्रदान किया गया, यद्यपि कथा 'प्रकरण' के रूप में बनी रही। १३वीं सदी से बाहुबलि पर स्वतन्त्र काव्यों की रचनाएँ लिखी जाने लगीं। आधुनिक शैली में भी उनके ऊपर पर्याप्त लिखा जा रहा है, किन्तु आश्चर्य यही है कि तुलनात्मक एवं समीक्षात्मक शैली से बाहुबलि साहित्य पर स्तरीय शोधकार्य करने की ओर अभी किसी का ध्यान नहीं गया है और इसीकारण बाहुबलि-सम्बन्धी एक विशाल भारतीय-वाङ्मय एवं तत्सम्बन्धी पुरातत्त्व अभी उपेक्षित जैसा ही पड़ा है। साहित्य के शोधार्थियों के लिए तद्विषयक सन्दर्भों तथा प्रकाशित एवं अप्रकाशित कुछ प्रमुख ग्रन्थों की एक सूची यहाँ प्रस्तुत की जा रही है—

ग्रन्थकार	ग्रन्थ	काल	विशेषता
आचार्य कुन्दकुन्द	भावपाहुड (प्राकृत)	वि.सं. प्रथम सदी	बाहुबलि का नामोल्लेख मात्र तथा कठोर तपस्या की प्रशंसा
आचार्य विमलसूरि	पउमचरियं (प्राकृत)	ई. की तीसरी सदी	संक्षिप्तकथा विस्तार तथा दृष्टि एवं मुष्टि युद्ध का सर्वप्रथम वर्णन
यतिवृषभ	तिलोयपण्णत्ती (प्राकृत) शौरसेनी	ई. की ४-५वीं सदी	नामोल्लेख मात्र
	अर्धमागधी (प्राकृत)	६ वीं सदी	सामान्य कथा विस्तार एवं दृष्टि,वाणी एवं मल्लयुद्ध के उल्लेख
संघदासगणी	वसुदेवहिण्डी (प्रा.)	५-६वीं सदी	
धर्मदासगणी	उपदेशमाला (सं.)	५-६वीं सदी	
रविषेण	पद्मपुराण	वि.सं. ७९१ (सं.)	
जिनसेन (द्वि.)	आदिपुराण (संस्कृत)	वि.सं. ८४९	
पम्प	आदिपुराण (कन्नड़)	वि.सं. ९९८	
पुष्पदन्त	महापुराण (अपभ्रंश)	वि.सं. १०२२	
जिनेश्वरसूरि	कथाकोषप्रकरण (संस्कृत, प्राकृत)	वि.सं. ११०८	
सोमप्रभसूरि	कुमारपालप्रतिबोध (संस्कृत, प्राकृत)	वि.सं. १२५२	
शालिभद्रसूरि	भरतेश्वर व बाहुबलिरास (राजस्थानी)	वि.सं. १२९८	
हेमचन्द्राचार्य	नाभेय-नेमि द्विसन्धान काव्य (संस्कृत)	१३वीं सदी विक्रमी	
अमरचन्द्र	पद्मानन्द महाकाव्य	१४वीं सदी विक्रमी	
धनेश्वर	शत्रुञ्जय माहात्म्य (संस्कृत) अप्रकाशित	१४वीं सदी विक्रमी	
रइधू	तिसट्ठिमहापुराण पुरिसचरिउ	१५वीं सदी विक्रमी (अपभ्रंश) अप्रकाशित	

रत्नाकर वर्णी	भरतेश वैभव (कन्नड)	१५वीं सदी विक्रमी	
कुमुदचन्द्र	बाहुबलि छन्द (संस्कृत)	१५वीं सदी विक्रमी	
दोड्डय	भुजबलि शतक (कन्नड)	१६वीं सदी विक्रमी	
सकलकीर्ति	वृषभदेव चरित	१६वीं सदी विक्रमी	
चन्द्रम	कार्कलद्गोम्मटेश्वरचरिते (कन्नड)	१६वीं सदी विक्रमी	
पंचवण्ण	बाहुबलिचरिते (कन्नड)	१७वीं सदी विक्रमी	
पुण्यकलशगणी	भरतबाहुबलि महाकाव्यम् (संस्कृत)	१७वीं सदी विक्रमी	
पामो	भरतभुजबलि चरितम् (संस्कृत)	१८वीं सदी विक्रमी	
अज्ञात	भरतराजदिग्विजय (वर्णन भाषा (हिन्दी)	१८वीं सदी विक्रमी	
लक्ष्मीचन्द्र जैन	अन्तर्द्वन्द्वों के पार	२०वीं सदी विक्रमी	
अक्षय कुमार जैन	जय गोम्मटेश बाहुबलि	२०वीं सदी विक्रमी	

उक्त बाहुबलि-वाङ्मय के आधार पर बाहुबलि-कथा विकास सम्बन्धी निम्न तथ्य सम्मुख आते हैं—

१. प्रारम्भ में अर्थात् दूसरी सदी तक के बाहुबलिचरित के विषय में सामान्यतया यही बताया गया है कि वे (बाहुबलि) महान् बलिष्ठ एवं तपस्वी थे। यह चर्चा मात्र १-२ गाथाओं में ही मिलती है।

२. तीसरी सदी से कथा में कुछ विस्तार मिलने लगता है। दृष्टि एवं मुष्टि युद्ध का सर्वप्रथम उल्लेख विमलसूरि कृत पउमचरियं में मिलता है।

३. छठवीं सदी में दृष्टि एवं मुष्टि के साथ-साथ मल्लयुद्ध की चर्चा मिलने लगती है। फिर भी कथावस्तु संक्षिप्त ही बनी रही।

४. आठवीं सदी के प्रारम्भ में बाहुबलि का आलंकारिक वर्णन मिलने लगता है। इस दिशा में महाकवि रविषेण अग्रगण्य हैं।

५. १३ वीं सदी से बाहुबलि पर स्वतन्त्र रचनाएँ लिखी जाने लगी। इसमें शालिभद्रसूरि द्वारा लिखित भरतेश्वर-बाहुबलिरास, बाहुबलिचरित की दृष्टि से तो महत्त्वपूर्ण है ही, रासा साहित्य का भी यह आद्य ग्रन्थ है।

६. अपभ्रंश में आद्य स्वतन्त्र बाहुबलिचरित महाकवि धणवाल कृत है, जो अपभ्रंश के महाकाव्यों में वीररस प्रधान होने के कारण अपनी विधा की दृष्टि विशेष महत्त्वपूर्ण है।

७. अद्यावधि ज्ञात एवं उपलब्ध बाहुबलि-चरितों में १५वीं सदी के महाकवि रत्नाकर वर्णी द्वारा कन्नड-भाषा में लिखित "भरतेश-वैभव" सर्वाधिक सशक्त, मार्मिक तथा पाठकों को झुमा देनेवाली महाकाव्य शैली की रचना सर्वश्रेष्ठ सिद्ध हुई है। सुनते है कि उनके समकालीन किसी राजा ने उस कृति को सुनकर कवि एवं कृति दोनों को ही सम्मानित कर हाथी पर उसकी सवारी निकाली थी।

८. प्रो. डॉ. विद्यावती जैन (आरा) के एक बाहुबलि-साहित्य सर्वेक्षण के अनुसार अभी तक तद्विषयक अनेक रचनाओं (मूल एवं सामान्य समीक्षात्मक) की जानकारी मिली है। मेरी दृष्टि से उनका वर्गीकरण निम्न प्रकार किया जा सकता है:

(क) प्रकरण - साहित्य - (ज्ञात एवं प्रकाशित-प्राकृत, संस्कृत, अपभ्रंश, कन्नड़, राजस्थानी एवं हिन्दी में लिखित ग्रन्थ संख्या) - २१

(ख) स्वतन्त्र-साहित्य - (ज्ञात एवं प्रकाशित-प्राकृत, संस्कृत, अपभ्रंश, कन्नड़, राजस्थानी एवं हिन्दी में लिखित ग्रन्थ संख्या) - १४

(ग) स्वतन्त्र-साहित्य - (ज्ञात, अप्रकाशित) - ३०

(घ) प्रकरण अथवा स्वतन्त्र साहित्य - (विविध भाषात्मक अज्ञात, प्रकाशित अथवा अप्रकाशित ग्रन्थ) - अनेक

(च) बाहुबलि विषयक समीक्षात्मक शोध-निबन्ध - (विविध भाषात्मक, ज्ञात एवं प्रकाशित) - ३१

(छ) बाहुबलिविषयक समीक्षात्मक शोध-निबन्ध - (विविध भाषात्मक अज्ञात एवं प्रकाशित) - अनेक

९. बाहुबलि-वाङ्मय एवं पुरातत्त्व पर अभी तक कोई भी स्तरीय शोध कार्य नहीं हुआ है। बहुत सम्भव है कि सिन्धुघाटी सभ्यता में कार्योत्सर्ग-मुद्रा की जो नग्न मूर्तियाँ मिली हैं, वे भगवान् बाहुबलि की हों? श्रमण संस्कृति, सभ्यता एवं साहित्य को नए आयाम प्रदान करने के लिए इस अद्यावधि उपेक्षित एवं सर्वथा अचर्चित वाङ्मय एवं पुरातत्त्व पर स्तरीय शोध कार्य हेतु शोधार्थियों को प्रोत्साहित करने की तत्काल आवश्यकता है।

१०. भगवान् बाहुबलि भारतीय भावात्मक एकता के प्रतीक हैं। अत: उसका सुन्दर एवं सर्वोपयोगी साहित्य प्रकाशन तो होना ही चाहिए साथ ही उसे चित्रात्मक एवं अल्पमोली भी बनाया जाए जिससे वह महलों के साथ-साथ झोंपड़ों में भी समान रूप से पहुँच सके।

राजाराम जैन

(प्रो. डॉ. राजाराम जैन)

विषयानुक्रमणिका

ऋषभपुत्र भरत-बाहुबलि-चरित

पहली सन्धि

१/१

ऋषभदेव-पुत्र भरत को ऋषभदेव के लिए कैवल्य-प्राप्ति, आयुधशाला में चक्ररत्न तथा पुत्ररत्न की प्राप्ति की एक साथ सूचना मिलने से प्राथमिकता को लेकर वे द्विविधाग्रस्त हो जाते हैं—

रिसहेसह णंदणु वसहसेणु सो जायउ गणहरु भवतमेणु॥
जिणु धम्मु पयासइ तत्थ जाम केणवि उज्झाउरि कहिउ ताम॥
पणविवि भरहेसहु भणिउ तेण पप्फुल्लकमल-वियसियमुहेण॥
जय तायहु तअ तायहु जि णाणु केवल उप्पण्णउँ तिजय-भाणु॥
अण्णें पुणु दुव्वंकुर करेण रायहु भासिउ पणविवि सिरेण॥
राणिहिं उप्पण्णउ देउ पुत्तु इक्खायवंसु कुलकमलमित्तु॥
अणेकें पुणु रायहु पउत्तु जक्खामरेहिं रक्खिउ णिरुत्तु॥
मह भासुरुणं उयउ अक्कु आउहसालहिं उप्पण्णु चक्कु॥

१/१

ऋषभेश्वर के आठवे पुत्र वृषभसेन मुनि थे। वे भवतम के लिये सूर्य विमान के समान गणधर हुए। वहाँ जब वे जिनधर्म का प्रकाश कर रहे थे, उसीसमय किसी ने अयोध्यापुरी में भरतेश को प्रणाम कर प्रफुल्लित-कमल के समान विकसित मुख होकर कहा कि जगत के तात (पिता) और त्राता (रक्षक) तुम्हारे तात (पिता) को त्रिजगत् में भानु के समान केवलज्ञान उत्पन्न हुआ। पुनः दूर्वा-अंकुर हाथ में लिये किसी अन्य पुरुष ने भरतराज को शिर नवाकर प्रणामकर कहा कि हे देव, रानी के पुत्र रत्न उत्पन्न हुआ है। जो (पुत्र) इक्ष्वाकुवंशरूप-कुल-कमलों के लिये मित्र (सूर्य) है। पुनः दूसरे किसी एक पुरुष ने भरत राजा से कहा कि यक्षदेवों द्वारा रक्षित, महान्-प्रभा से भास्वर, मानों सूर्य का ही उदय हुआ हो ऐसा आपकी आयुध-शाला में चक्र उत्पन्न हुआ है।

बद्धाय तिण्णि णिसुणिवि णरिंदु   चिंतइ मणम्मि ता णिउ अणिंदु॥
किं चक्कु णियमि किं सुयहु वत्तु   किं रिसि वंदमि मल-दोस-चत्तु॥

घत्ता- *धय-छत्तइँ वक्खायत्तइँ हय-गय-रहवर-किंकर॥*
गुणजुत्तइँ पुत्तकलत्तइँ एयइँ धम्महु अंकुर॥१॥

गाहा- *धम्मेण होंति कुलयर तित्थयरा चक्कवट्टि बलदेवा॥*
पीयंबर पडिहरिहर संकद्दण सेस चरमंगा॥१॥

१/२

भरतेश्वर ऋषभदेव की कैवल्य-प्राप्ति को प्राथमिकता देकर उन्हें परोक्ष रूप में नमस्कार करते हैं—

सायरिहं संसु तिवग्गु-धामु   साहेव्वउ फुडु धम्मत्थकामु॥
बिणु खीरें दहिंउ ण सप्पि दिट्ठु   बिणु तरुवरेण णउ फल गरिट्ठु॥
धम्मेण सुलह सग्गापवग्गु   चिंतिव्वउ पहिलइ धम्म-मग्गु॥
इय भणिवि सिंहासणु मुएवि   पय-सत्त जिणहु सम्मुह सरेवि॥

ऐसी ३ बधाईयाँ सुनकर अनिंद्य भरतराज ने अपने मन में विचारा कि क्या मैं अब चक्र को देखूँ या पुत्र के मुख को देखूँ अथवा कर्म-मल-दोष रहित ऋषभदेव की वंदना करूँ।

घत्ता- *ये जो विख्यात ध्वजा छत्र, प्रशंसनीय घोड़ा, हाथी, रथ तथा श्रेष्ठ सेवक, गुणयुक्त पुत्र कलत्रादि है सो सब धर्म के अंकुर हैं-फल हैं॥१॥*

गाहा- *धर्म से कुलकर, तीर्थंकर, चक्रवर्ती, बलदेव, पीताम्बर-नारायण, प्रतिनारायण, हर (रुद्र) और नारद, संक्रन्दन (इंद्र) तथा शेष चरमशरीरी महापुरुष उत्पन्न होते हैं॥१॥*

१/२

सागारों (गृहस्थों) को त्रिवर्ग का स्थान कहा है। अत: मुझे स्पष्टत: धर्म, अर्थ एवं काम पुरुषार्थ की साधना करना चाहिए। बिना दूध के दही नहीं होता और न घी ही देखा गया है। बिना बड़े वृक्ष के गरिष्ठ फल भी नहीं होते हैं। धर्म से ही स्वर्ग-अपवर्ग सुलभ हैं। अत: पहले धर्म-मार्ग का चिंतन करना चाहिये। ऐसा कहकर—अपना सिंहासन छोड़कर भगवान् की सम्मुख-दिशा में सात पैंड़ (पग) आगे जाकर जय-जय शब्दों से प्रणाम किया।

जय-जय-रवेण य विहियउ पणउ तियरणसुद्धिए परोक्ख-विणउ॥
पल्लाणिय हय चंचल वरंग सज्जिय मयमत्त मयंगतुंग॥
जोत्तियकंचणमयसंदणोह सज्जियइ धणुद्धर विहिह जोह॥
एत्तहिं कुरुजांगलु णामदेसु जो पयडु दाणु तित्थहु पएसु॥
गोरस-विसालु णं सुकइ कव्वु बहु दव्वासिउ णं जीवदब्बु॥
अइ सुहियरं णं अरुह धम्मु खलवंतु विवज्जउ खल-कुकम्मु॥
णिव्वाणुव पर-रायहँ अफंसु सिरिणिलय वियासउ परणहंसु॥
लंगल धारउ ण मुरारिबंधु रयणोह-रासि णउँ लवणसिंधु॥
तहिं गयउ णामें पुरु अउव्वु विवुहालंकिउ सुरवरु पुरव्वु॥

घत्ता- *जय रिसह-जिणेंदें भवतमचंदें विहिउ पारणउ सुहमणिणा॥*
जहिं जक्खु पहाणउ बुद्धउ णिरु गयणहु मणिणा॥२॥

त्रिकरण (मन, वचन, काय) की शुद्धि से परोक्ष विनय की। उत्तम अंगवाले चंचल घोड़ों के पालन आदि से तथा मदोन्मत्त उत्तुंग गजराजों को सजवाकर, स्वर्ण-निर्मित रथों में उन्हें जुतवा कर, धनुर्धारी विविध योद्धा-पराक्रमी-वीरों को सजवाया। इतने में ही जो कुरुजांगल नामका देश था, जो कि दान-तीर्थ का विख्यात प्रदेश था और जो दूध, दही, घी आदि गोरसों से विशाल था, मानों वाणी के रस से विशाल सुकवि का काव्य ही हो। वह देश बहुत द्रव्य (धन) का भण्डार था, मानों बहुत पुद्‌गलादि द्रव्यों से आश्रित जीव-द्रव्य ही हो। वह देश अतिसुखी था, मानों अति सुखकर अरिहन्त का धर्म ही हो। वह देश बड़ा खलवान् था, खल आदि पोषक द्रव्य सहित था, परन्तु कुकर्म वाले खल (दुर्जन) पुरुषों से रहित था। उस समय वहाँ दुराचार नहीं था। पर के रागादि विकारों का स्पर्श नहीं करने वाला निर्वाण (मोक्ष) के समान वह देश था। हंसों से विराजित वह देश था। हंसों से विराजित वह देश श्री का निलय-स्थान, कमलों का विकासरूप तालाब था अर्थात् हंसरूप श्रेष्ठ पुरुष श्री के निलय धनी थे। वह देश लांगल (हल) धारक था, परंतु मुरारी (कृष्ण) का भाई बलदेव नहीं था। वहाँ रत्नों के समूह की राशि थी, परन्तु लवण-समुद्र नहीं था। वहाँ कोई भी कटु-वचन बोलने वाला नहीं था। ऐसे उस कुरुजांगल देश में गजपुर नामका एक अपूर्व पुर था। जो देवों से अलंकृत श्रेष्ठ देवनगर के समान था।

घत्ता- *जहाँ भवन के लिये चन्द्र-समान ऋषभ-जिनेन्द्र ने शुभ मन से आहार लिया था (पारणा की थी) जिसको शुभ मन वाले यक्ष ने आकाश से प्रधान नगर*

गाहा- वण-उववण सोहिल्लो परिहा-पायार भूसिओ भव्वो॥
गिह-सिर-धयवड गयणे लग्गाणं फंसए सग्गो॥२॥

१/३

गजपुर (हस्तिनापुर) में राजा मेघेश्वर राज्य करता था। एक दिन भरतेश्वर का दूत सन्देश लेकर उसके पास आता है—

जहिं आयवत्तु दीसइ सदंडु	सकलंकउ ससहरु णरु ण खंडु॥
थट्टत्तु मलणु पीलणु थणाहँ	तरलत्तु णयणि णउ पुणु जणाहँ॥
धण-कण-कंचण बहुरिद्धि रिद्धु	दाणुण्णयकर करिणि व पसिद्धु॥
तहिं मेहेसुर णामें णरिदुं	सोमप्पह-णंदणु णाइँ इंदु॥
णं विज्जचउक्कहँ मणिणिहाणु	णं अरिधर तरु जालण किसाणु॥
णयरयणाहरण विहूसियंगु	बुहयण कइरववण सिय पयंगु॥
दूसह पयाव जिय सरय-भाणु	पोमाविय सावणु जल-णिहाणु॥

समझा॥२॥

गाहा- *वह वन उपवनों की शोभा युक्त परिखा प्राकार से भूषित एक भव्य नगर था जहाँ गृहस्थों के घर के शिखरों पर बड़े ऊँचे ध्वजपट आकाश में थे, जो कि स्वर्ग को ही मानों छू रहे हो॥२॥*

१/३

जिस गजपुर में आतपत्र (छाता) ही दंड-सहित दीखता था। कोई अन्य मनुष्य दंड सहित नहीं था अर्थात् कोई पापी मनुष्य नहीं था, जिसे दंड दिया जाय। कलंक सहित यदि कोई था, तो केवल एक चन्द्र था। अन्य कोई मनुष्य खण्डित नहीं था अर्थात् भ्रष्ट नहीं था। केवल हस्तिनी के स्तनों में ही मोटापन था। अन्य जनों में कही अनुदारता नहीं थी। नयनों में ही चंचलता थी। किन्तु अन्यजनों में विषयों की चंचलता नहीं थी। वह नगर धन-धान्य-कंचन आदि बहु ऋद्धियों से समृद्ध है। दान में वह उन्नत हस्तवाला प्रसिद्ध है और हस्तिनी के समान है। उसीप्रकार, जिसप्रकार हस्तिनी मदजल से उन्नत सूंड वाली होती है।

वहाँ (नगर में) इन्द्र के समान सोमप्रभ का पुत्र मेघेश्वर नामका राजा था। जो मानों चारों विद्याओं रूपी मणियों का निधान था अथवा मानों शत्रुओं के घररूपी वृक्षों के जलाने के लिये अग्नि था। जो न्याय-नीतिरूपी रत्नाभरणों से विभूषित अंगवाला था, बुधजनरूपी कैरव (कुमुद-वन) के लिये चन्द्र के समान था। जिसप्रकार शरत् कालीन भानु उष्ण होता है, उस सूर्य को भी उसने अपने दुःसह

सत्तंग-रज्ज-कज्जहँ पवीणु पडिवक्ख खयंकरु दाणलीणु॥
णवरस णाडय सविलासभाव बुज्झइ सुज्झइ णवणयसहाव॥

घत्ता- *तहु गुणगणु कवियणु को वण्णइ पुणु सुरगुरु जत्थ असक्कु णिरु।*
से चिरकिय पुण्णें वज्जियदुण्णें करइ रज्ज जा तत्थ थिरु॥३॥

गाहा- *एत्तहिं भरहहि दूउ गयवरि पत्तउ रवणेण रहसुल्लो।*
मेहेसरहु णवेप्पिणु पयासिऊ तेण पुण कज्जो॥३॥

१/४

अयोध्यापति भरतेश्वर के यहाँ उन्हें पुत्ररत्न-प्राप्ति के उपलक्ष्य में बधाई देने हेतु मेघेश्वर-नरेश अयोध्या पहुँचता है—

बद्धाविउ तिं मायंगगामि रिसहहु केवल उप्पण्णु सामि॥
भरहेसररायहु घरि णिरुत्तु हूयउ कुलमंडणु रायपुत्तु॥
अणु वि कुरुवंसणरेस विद्धि अरिविंदभयंकर चक्कसिद्धि॥
इय णिसुणेवि तुट्ठउ कुरुवराउ दूयहु अप्पेप्पिणु बहुपसाउ॥

प्रताप से जीत लिया था अर्थात् वह बड़ा प्रतापी था। अथवा मानों वह राजा मेघेश्वर पद्मों को विकसित करने वाला जलनिधान (सरोवर) ही था। अर्थात् स्वभाव से वह शीतल भी था। सप्तांग राज्य-कार्य में वह प्रवीण था। प्रतिपक्ष (शत्रुओं) का क्षय करने वाला और दान देने में सदा लीन रहता था। नव-रसों के नाटक में विलास-भाव वाला था। अर्थात वह नाटक देखने का प्रेमी था। जिससे वह नव प्रकार के नयों के स्वभाव को समझता था, विचारता था।

घत्ता- *उस राजा मेघेश्वर के गुण-गणों का कौन कवि वर्णन कर सकता है। जिनके वर्णन करने में वृहस्पति भी असमर्थ हो जाता है। सो वह मेघेश्वर राजा वहाँ गजपुर में चिर कृत पुण्य से दुर्नीति-रहित स्थिर राज्य करता था॥३॥*

गाहा- *इतने में क्षणभर में ही उस गजपुर में ही भरत का दूत रहस्य युक्त होकर आ पहुँचा और राजा मेघेश्वर को नमस्कार कर उस दूत ने अपने आने के उद्देश्य को स्पष्ट किया॥३॥*

१/४

उस दूत ने मातंग (गज) पर चलने वाले उस राजा मेघेश्वर को (सर्वप्रथम) बधाई दी और कहा कि हे स्वामिन्, भगवान् ऋषभदेव को केवलज्ञान उत्पन्न हुआ है तथा भरतेश्वर (राजा भरत) के घर में रानी के गुणों से युक्त कुल मंडन राजपुत्र

पुणु जय-जय भासिवि चइवि पीढु ता दिसहिं णवेप्पिणु भत्ति-लीणु॥
मेहेसर पालिय भरह केरि पुणु देवाविय जिण-जत्त भेरि॥
पल्लाणिय मण मारुय तुरंग मयमत्त दुरया गुडियाइ तुंग॥
जोत्तिय कंचण मयरह सकेय भडविंद मिलिय अइपवलतेय॥
उच्छलिय रेणु गयणयलि लग्गु छाइय दिसि णहु सुज्झइ ण मग्गु॥
गयवर-सद्दहिं दिग्गय तसंति हय-रवुर तिणिय फणि कसमसंति॥
संचलिउ सेणि रुद्धउ दियंतु साकेयहिं कयवय दिणहिं पत्तु॥

घत्ता- *सो विणयासत्तउ णिम्मलचित्तिउ सीहवारि ठिउ णिवहजऊ॥*
कंचणलयहत्थें णाविय मत्थें भरहहु तेण जि अक्खियउ॥ ४॥

गाहा- *तं णिसुणिवि णरणाहें वेएँ वोहाविऊण सो भव्वो॥*
अवरंडिऊण णेहें कुरु-राउ भरहराएण॥ ४॥

हुआ है। हे कुरुवंश-नरेश और भी एक बात समझिये कि उनके (भरत के) लिये शत्रु-समूह के लिये भयंकर चक्ररत्न की सिद्धि भी हुई है। दूत के मुख से ऐसे समाचार सुनकर वह कुरुवंश नरेश मेघेश्वर बड़ा सन्तुष्ट हुआ और उस दूत के लिये बहु प्रसाद (वस्त्राभूषणादि) अर्पित किये।

पुनः जय-जय कहकर अपना सिंहासन छोडकर जहाँ जिनेश्वर थे, उसी दिशा में जाकर भक्तिलीन होकर प्रभु को परोक्ष नमस्कार किया। उस मेघेश्वर ने भरतराज की आज्ञा का पालन किया और फिर नगर में जिन-यात्रा करने की भेरी दिलवाई-(घोषणा कराई)। मन के समान तथा वायु के समान चंचल घोड़ों को पल्यान बंधवाया (कसवाया)। (उत्तुंग) मदमत्त हाथियों को सजवाया। जितने भी कंचनमय रथ थे, उन पर केतु (ध्वज) फहराई गई। अतिप्रबल तेजस्वी भट वृन्द (शूरवीर) योद्धाओं को सुसंगठित किया। उन सब के साथ चलने से रेणु उछलकर आकाश में छा गई और वह समस्त दिशाओं में ऐसी छा गई कि उसके कारण आकाश में न तो सूर्य सूझता था और न ही नीचे मार्ग दिखाई देता था। गजवरों के उन्नत शब्दों से दिग्गज त्रस्त हो रहे थे। घोड़ों के खुरों से पीड़ित शेषनाग भी कसमसा रहे थे, काँपते थे, ऐसी दिगन्त को रोकती हुई, उसकी सेना चली और वह मेघेश्वर राजा कुछ दिनों में ही साकेत (अयोध्या) जा पहुँचा—

घत्ता- और वह विनयासक्त निर्मलचित्त (मेघेश्वर) सेना सहित वहाँ के सिंह द्वार पर ठहरा। कंचनलता (स्वर्णवेल) हस्त वाले द्वारपाल ने शिर नवाकर भरत से उस (मेघेश्वर) के आने का समाचार कहा॥ ४॥

गाहा- *सो भरतराज ने सुनकर वेगपूर्वक दौड़कर उस भव्य कुरुराज (मेघेश्वर)*

१/५

भरतेश्वर बाहुबलि आदि अपने समस्त भाईयों के साथ भ. ऋषभदेव के समवसरण में पहुँचते हैं और नमस्कार कर उनसे द्रव्य का स्वरूप पूछते हैं-

----

पुणु बाहुबली पमुहा सयला सउ भायर आइव तहिं विमला ॥
ते पुणु भरहे सम्माणियइँ अइ णेहें णियमणि ठाणियइँ ॥
इय परिवारें सहु चक्कवई गउ समवसरणि पुणु सुद्धभई ॥
तिपयाहिण देप्पिणु तिजयपहू वंदिउ सव्वेहिंमि थुणिउं बहू ॥
पुणु पुच्छइ राणउ णिउणमइ महु अक्खहि जिणवर भुवणवइ ॥
दव्वहँ सरूवु केरिसु हवइ किहँ सम्मद्दंसणु संभवइ ॥
ता पुणु णिग्गय सव्वंग-झुणी सिरिवसहसेणु अक्खेइ मुणी ॥
आयासु अणंताणंतु थिरु तहु मज्झि लोउ अविणस्सयरु॥
णउँ आइ-अंतु परिणइ अयलु जीवाइ-दव्व-पूरिउ सयलु ॥
स भव्वाभव्व जीव दुविह सयला उवओयमया लक्खिय विउला॥

घत्ता- *संसारिय कम्महिं मारिय कम्मसरीरु ण मुच्चहिं ॥*
आवज्जहिं तं फलु भुंजहिं ते कत्तार पवुच्चहिं ॥ ५ ॥

का स्नेह पूर्वक आलिंगन कर राजभवन के भीतर प्रवेश कराया ॥ ४॥

१/५

पुनः निर्मल मन वाले बाहुबली प्रमुख सभी १०० भाई वहाँ आये भरत ने निज मन में स्थान देकर अति स्नेह पूर्वक उन सभी का सम्मान किया। इसप्रकार परिवार सहित शुद्धमति वाले वे चक्रवर्ती भरत भ. ऋषभदेव के समवसरण में गये। तीन प्रदक्षिणाएँ देकर उन सभी ने उन त्रिजगत्प्रभु (ऋषभदेव) की वन्दना की और बहुत प्रकार से स्तुति की। पुनः निपुणमति उस भरतराजा ने पूछा कि हे भुवनपति जिनवर, मुझे बताइये कि द्रव्यों का स्वरूप कैसा है? और सम्यग्दर्शन कैसे उत्पन्न होता है? तब प्रभु के सर्वांग से जो ध्वनि निकली। उसे वृषभसेन मुनि गणधर इसप्रकार समझाने लगे। यह आकाश स्थिर एवं अनन्तानन्त है। उसके मध्य में अविनश्वर लोक है। उस लोक का न आदि है और न अंत। वह अचल परिणति वाला है। समस्त लोक जीवादि द्रव्यों से पूरित है। वे सभी जीव दो प्रकार के होते है, प्रथम भव्य जीव एवं द्वितीय अभव्य जीव और वे सभी उपयोगमयी लक्षण वाले कहे गये हैं।

घत्ता- *अष्टकर्मों के मारे सभी संसारी जीव इस कार्माण-शरीर को कभी भी नहीं छोड़ते। वे सभी संसारी जीव उन अष्ट कर्मों का बन्ध करते हैं और उनके फल भोगते रहते*

गाहा- *वण्णरस-पंच-पंचा दो-गंधा अट्ठ फस्स गुण उत्ता ॥*
ववहारेणय उत्ता अमुत्तया सुद्धणया सुद्धा ॥ ५ ॥

१/६

ऋषभदेव का द्रव्यस्वरूप पर प्रवचन : जीव-द्रव्य के विविध प्रकार-

----

जीव अणंताणंत भवासिय चउदह-रज्जु मज्झि आहासिय ॥
सुहुम-थूल णाणा संठाणें णाणा गुणेण जि भणिय समाणें।
बायर-सुहुमें इंदिय जाया सव्वे पज्जत्ता इयरा या ॥
पुहइ तोय तेयाणिल पाउर हरिय-काय एइंदिय-थावर ॥
थावर वेयालीस पयारहिं तिरिय भेय चउतीस वियारहिं ॥
वे-सुर वे-णारय णव माणव वियलिंदिय भासिय भेयइँ णव ॥
कहिउ जिणिंदिं संसयणासें अट्ठाणवइउ जीव-समासें ॥

घत्ता- *चिरकम्में कुच्छियजम्में पाउ विहिउ निद्दयमणि ॥*
अणिवारउ पंचपयारउ दुहु भुंजइ णरयावणि ॥ ६ ॥

हैं। क्योंकि वे उन्हीं के स्वयं कर्ता कहे गये हैं ॥ ५ ॥

गाहा- *अत: व्यवहार से कृष्णवर्ण आदि पाँचवर्ण, खट्टा, मीठा आदि पाँच प्रकार के रस, सुगन्ध एवं दुर्गन्ध जैसे दो गन्ध, उष्ण, शीत आदि आठ प्रकार के स्पर्श वाले गुणों से युक्त शरीर होने के कारण वे मूर्त्तिक संसारी जीव हैं। शुद्ध निश्चय नय से सभी जीव शुद्ध हैं और जो कर्म-शरीर रहित जीव हैं, वे अमूर्त्तिक जीव हैं। इसप्रकार जीवद्रव्य जानना चाहिए ॥ ५ ॥*

१/६

भवाश्रित संसारी जीव अनंतानंत हैं। वे सभी जीव १४ राजू के मध्य में कह गये हैं। वे सभी सूक्ष्म-स्थूल नाना आकारों से अनेक प्रकार के हैं। परन्तु गुणों से सभी समान कहे गये हैं। एकेन्द्रिय जीव वादर एवं सूक्ष्मरूप दो प्रकार के होते हैं। वे सभी पर्याप्तक एवं अपर्याप्तकरूप दो प्रकार के हैं। एकेन्द्रिय स्थावर के पाँच भेद हैं, पृथिवी, जल, अग्नि, वायु, वनस्पति (प्रचुर-हरित काय)। स्थावर-जीव ४२ प्रकार के हैं। तिर्यंचों के भेद चौंतीस प्रकार समझो। उसीप्रकार देवों के २ भेद एवं नारकियों के भी २ भेद, मनुष्यों के ९ भेद और विकलत्रयों के भी ९ भेद। इन सभी भेदों को संशय नाश करने वाले जिनेन्द्र ने ९८ जीव-समासों के नाम से कहा है।

घत्ता- *चिरकाल से खोटा जन्म पाया, पाप कर्म किया और निर्दय मन से घोर पाप को बाँधा, सो वे जीव नरक भूमि में जाकर क्षेत्रादि संबंधी पंचप्रकार के*

गाहा- मे वसुहा मे भवणं पुत्तकलत्तं सवित्तु मे सयला॥
इह मोग्गहगहिउ ण चेयए जीव अप्पाणं॥ ६॥

१/७

संसारी जीवों के घोर कष्टमय जीवन का वर्णन-

इट्ठ-विओय सोय अइपडियउ	तहिं अणिट्ठ-संजोयं जुडियउ।
बहुधणु अज्जइ तित्ति ण पूरइ	धणु विहडइ ता अहणिसु झूरइ॥
एयइ अट्टज्झाणु उप्पायइ	मरिवि जीउ तिरियत्तणि जायइ॥
कहव-कहव मणुयत्तणु लद्धउ	दुप्परिणामें पाउ णिबद्धउ॥
हीण-गोत्ति संभउ अकुलीणउँ	जणहुँ मज्झि अवमाणें खीणउ॥
सत्तवसण सेवइ विहियायरे	पुणु णिम्मज्जइ चउगइ सायरे॥
अहवा जइ उत्तमकुल पायउ	विगयरोउ संपत्ति-सहायउ॥
ता पंचेंदिय-मणवावारें	भुल्लउ भमइ विसय-कंतारें॥
अहवा जइ पंचेंदिय रोहइ	तो मिच्छा-संजमि मणु मोहइ॥

अनिवार्य दुःख भोगते हैं॥ ६॥

***गाहा**- मिथ्यादृष्टि जीव का स्वरूप कहते हैं कि मेरी भूमि, मेरा भवन, मेरा पुत्र, मेरी स्त्री, मेरा पिता और ये सब मेरे ही हैं। इसप्रकार मोहरूपी ग्रह से पकड़ा हुआ यह जीव अपनी आत्मा को नहीं समझ पाता। पर को ही आत्मा मान बैठता है॥ ६॥*

१/७

यह संसारी मनुष्य इष्ट-वियोग के अत्यन्त -शोक में पड़ा रहता है तथा अनिष्ट-संयोग से भी जुड़ा रहता है। बहुत धन कमाता है, परंतु उस धन से उसे तृप्ति नहीं होती और जब वह धन विघट जाता है, तब वह रात-दिन झूरता रहता है (दुखी होता रहता है)। इससे आर्तध्यान उत्पन्न होता है। उस आर्तध्यान से मरकर जीव तिर्यंचों के रूप में उत्पन्न होता है। (वहाँ दुःख भोगता है।) किसी-किसी प्रकार वह मनुष्य तन को भी पाता है, तो वह मनुष्य दुष्ट परिणामों से पाप बाँधता है। हीन-गोत्र में (अकुलीन कुल में) जन्म पाता है। अतः सब जनों के मध्य में उस अपमान को प्राप्त कर खिन्न (क्षीण) होता रहता है। वह आदर पूर्वक सात-व्यसनों को ही सेवता है। सो उस पाप से चतुर्गति रूप समुद्र में डूबता है। अथवा कुछ पुण्य योग से यदि उसने उत्तम कुल भी प्राप्त कर लिया और रोग रहित हुआ, उसे संपत्ति और सहायक मित्र भी मिले, तो वह पंचेन्द्रिय मन के व्यापारों में भूला रहा और विषय वन में भटकता रहा। अथवा यदि पंचेन्द्रियों को भी वश में किया , तो मन उसका मिथ्या

घत्ता- *सम्मद्‌दंसणु कुणय-विहंसणु णाणु विमलु चारित्तु तउ॥*
आराहइ जो मणुसायर सो पावइ सिवसुक्खपउ॥ ७॥

गाहा- *जीवो उवओगजुदो कम्म-विमुक्को अणंतगुणपुण्णो॥*
सो चिव पुग्गलदव्वं करेदि ववहार-जोएण॥ ७॥

१/८

अष्ट-कर्म-स्वरूप वर्णन-

पुग्गल-संजोएँ दुहतत्तउ	भमइँ जीवगणु कम्मायत्तउ॥
णाणावरणिउँ पंचपयारउ	भणेसइ जिणेसरु पडआयारउ॥
णव-पयार-दंसण आवरणउ	पहिहारोवमु वारहिं धरणउ॥
वेयणीय पुणु दुविह पयारउ	महुलित्तउ जहिं असिवरधारउ॥
अट्ठावीस-पयडि संजुत्तउ	मोहणी मयरा इव वुत्तउ॥

संयम-चारित्र में मोहित रहा। तब भी वह संसारी हुआ (दुःखी रहा)।

घत्ता- *आगे जो मनुष्य श्रेष्ठ सम्यग्दर्शन तथा कुनयों का नाशक ज्ञान तथा निर्मल चारित्र और तप की आराधना करता है, वह मनुष्य रत्नत्रय धारी सुखों के पद (शिव) को पाता है॥ ७॥*

गाहा- *इसीप्रकार जो जीव उपयोगमय कर्म-रहित तथा अनन्त गुणों से परिपूर्ण है, वह मुक्त-जीव कहलाता है। शुद्ध निश्चय-नय से सभी जीव मुक्त है। जबकि व्यवहार-नय से वही संसारी जीव योगों द्वारा पुद्‌गल-द्रव्यों को करता (बाँधता) है॥७॥*

१/८

पुद्‌गल-कर्म शरीरों के संयोग से दुःखों से सन्तप्त होता हुआ कर्मों के आधीन रहकर भ्रमण करता रहता है। उक्त कर्म आठ प्रकार के हैं। उनमें से प्रथम कर्म ज्ञानावरणीय पाँचप्रकार का जिनेश्वर ने उसको पट के आकार का बताया है। जैसे पट-परदा ज्ञान नहीं होने देता है। दर्शनावरणीय कर्म नवप्रकार का है। वह द्वार रोकने वाले द्वारपाल के समान है। जैसे द्वारपाल दर्शन नहीं होने देता है। पुनः वेदनीय कर्म दो प्रकार का होता है। जैसे मधु लपेटी तलवार की धार सुख-दुख इन दोनों का कारण है। मोहनीय-कर्म २८ प्रकार का है। वह मदिरा के समान मद-कारक कहा गया है। जिनेन्द्र ने आयु-कर्म को चार प्रकार का कहा है। जैसे हड्डि-लकड़ी मनुष्य के पैर को रोक लेती है और उसे कहीं जाने नहीं देती है। उसीप्रकार जीवों को शरीर

आउ चउप्पयार जिणभासिउ हडिरूवें जीवाहँ दुहासिउ॥
तेराणवइ पयडि आगारउ णामकम्मु णिरु चित्तायारउ॥
गोत्तु-कम्मु दुहु पयडिय जम्मइ कुंभयारु जिहँ गुरु लहु णिम्मइ॥
अंतराउ मुणि पंच-पयारउ सो समाणु पुणु भंडायारउ॥
पुग्गलकम्म पयड घण-छायउ अप्पादंसण-णाण-विरायउ॥

घत्ता- *पुग्गलु वि चउव्विहु भणइं जिणु छव्विहु तहँ पुणु राय णिरु॥*
एव्वहिँ तासु जि पज्जायगुणु अवहरहिं होएवि थिरु॥ ८ ॥

१/९

पुद्गल-द्रव्य की विविध पर्यायें-

सक्खर-विणिक्खर बद्धसूल सह सद्द-बंध लइ सुहुम-थूल॥
संठाण-भेद-तम-छाय-जुत्ति उज्जो उजोउ पुग्गलहु मुत्ति॥
णह धम्माधम्मु वि कालु कलिय मुत्तुज्झिय ते पुग्गलहु मिलिय॥
गइपरिणयाणुलक्खणु जि धम्मु सहयारि जीव-पुग्गलहु जम्मु॥
जहँ तोय-सहाएँ चलइ मीणु सहयारी को रक्खइ पवीणु॥

में रोककर यह कर्म दुःख देने वाला है। नाम-कर्म ९३ प्रकृतियों के आकार का है। वह चित्रकार जैसा अनेक रूप बनाने वाला है। कुंभकार जैसे छोटे बड़े घड़े बनाता है। उसी तरह गोत्र-कर्म दो प्रकार का है ऊँच-नीच कुल में वह जन्म देता है। अंतराय-कर्म को पाँच प्रकार का समझो। वह भंडारी के समान बाधक है। आत्मा के दर्शन-ज्ञान को विराधना करने वाला पुद्गल कर्म मेघ की छाया के समान प्रकट है। जैसे मेघ सूर्य को छिपा देता है।

घत्ता- *श्रीजिनेन्द्रदेव पुद्गल कर्म को चारप्रकार का कहते हैं और छहप्रकार का भी कहते हैं। हे राजन, अब अपना मन स्थिर करके पुद्गल की पर्याय और गुणों का अवधारण करो॥ ८ ॥*

१/९

पुद्गल की १० पर्यायें होती हैं। साक्षर और निरक्षर रूप बँधा हुआ शब्द (सप्त-स्वर रूप शब्द) तथा बंध, सूक्ष्मता, स्थूलता, संस्थान, भेद, तम, छाया, आतप एवं उद्योत। ये सभी १० भेद मूर्तिक होने के कारण पुद्गल हैं। रूपादि ४ गुण पुद्गल के हैं। इनसे ही पुद्गल मूर्त है। नभ, आकाश, धर्म, अधर्म, काल सहित अजीव मूर्तिक रहित है। पुद्गल सहित ५ द्रव्य अजीव हैं। गति में परिणत जीव-

ठिदि लक्खणु पयडु अधम्मु जाणि इहु सयलु पयासइ रिसहवाणि ॥
अवगाहणु आयासहु पउत्तु वट्टणलक्खणु कालहु णिरुत्तु ॥
सो तिविह भेय जिण कहिउ जाणु भूयउ भविस्सउ तह वट्टमाणु ॥
पुग्गल-जीवहँ ठिदियरु अहम्मु जहँ छाया पहियहँ हरइ सम्मु ॥
तहँ कालु वत्थ परिणमण जाणु धम्माधम्महु लोयग्गमाणु ॥
आयासु दुविहय भणंति जोइ णिरु लोयायासु पमाणु सोइ ॥
आयासु अणंताणंतु भिण्णु अल्लोयायासु सयावि सुण्णु ॥
विणु पुग्गलेण पंचदव्व ते पुणु अमुत्तु जाणिज्ज सव्व ॥

घत्ता- *लोउ वि छद्दव्वहिं पूरिउ भव्वहिं धुव-उप्पायवहंकियहिं ॥*
एयहँ मज्झे पुणु जीवदव्वउणुभावेव्वउ भवसंकियहिं ॥ ९ ॥

पुद्गलों को गमनमें सहकारी लक्षण वाला धर्म-द्रव्य है। जैसे जल की सहायता से मीन चलती है, तो जल सहकारी है। चलते हुए को कौन रोकता है? ठहरते हुए पुद्गल जीवों को ठहरने में सहकारी लक्षणवाला अधर्मद्रव्य है। यह सब ऋषभ-देव की वाणी में प्रकाशित किया गया। आकाश का अवगाहन लक्षण कहा गया है। वर्तना लक्षण काल का कहा गया है। वह काल-द्रव्य तीन भेद रूप जिनेन्द्र के द्वारा कहा हुआ जानों, भूत, भविष्य तथा वर्तमान। पुद्गल जीवों की स्थिति का कारण अधर्म-द्रव्य है। जैसे छाया पथिकों के श्रम (थकावट) का हरण करती है। वस्त्र के नये-पुराने रूप परिणमन के समान काल-द्रव्य को जानो। धर्म-अधर्म-द्रव्य लोकाकाश प्रमाण है। आकाश को दो प्रकार का कहा है। एक लोकाकाश और दूसरा अलोकाकाश। छह द्रव्य-प्रमाण लोकाकाश जानो। उससे भिन्न अनंतानंत आकाश जो उक्त सभी द्रव्यों से शून्य है। अतः वह अलोकाकाश कहलाता है। पुद्गल के बिना जो पाँच द्रव्य हैं, उन सभी को अमूर्त्त जानो।

घत्ता- *यह लोक छह द्रव्यों से पूर्ण है तथा वह उत्पाद, व्यय, ध्रौव्य से अंकित है। इन सब के मध्य में पुनः संसार से शंकित पुरुषों को जीव के गुणों का चिन्तन सदा करना चाहिये ॥ ९ ॥*

१/१०

जीव, पुद्गल, धर्म, अधर्म एवं काल-द्रव्य का विवेचन-

परिणाम जीव पुग्गल हवंति सब्भाव-विभावें परिणमंति॥
सेस जि विभाव-पज्जायहीण तें अप्परिणामी ते पवीण॥
जीविउ जीवेसइ जीवमाणु णिच्छएण सुद्धपाणहिं समाणु॥
उवओगजुदो सो जीवु होइ पंच वि अजीव भासंति जोइ॥
रस-फास-गंध-वण्णस्स जुत्ति इय भासी भरहणरेस मुत्ति॥
पुग्गलु जि गलण-पूरणहिं जुत्तु सो एक्क मुत्तिवंतु जि णिरुत्तु॥
जीउ वि ववहारें मुत्तिवंतु णिच्छएण मुत्तिमुत्तउ सुसंतु॥
धम्माइ पमुह जे भणिय चारि ते पुणु अरूव णिरु मणि वियारि॥
जीवाइ पंच जे भणिय दव्व पंचत्थिकाय सा जाय भव्व॥
ते लोयमाण पंचउ पमाणि पद्देस असंख जि ताहँ जाणि॥
पंचत्थिकाय-सपदेस ठाणि कालहिं कायत्तु ण भणहि णाणि॥
कायहु लक्खणु पुणु बहु पएसु सो णत्थि तासु एहु जि विसेसु॥
तिं कालु भणिउं अपदेसवंतु इयर वि सपदेसिय पुणु हवंतु॥

१/१०

जीव एवं पुद्गल ये दोनों द्रव्य परिणामी होते हैं। वे स्वभाव एवं विभाव रूप में परिणमन करते हैं। शेष द्रव्य विभाव परिणमन से रहित हैं। अत: उन्हें अपरिणामी जानो। जो जीता था, जो जीवेगा और जो जीता है। निश्चय से शुद्ध ज्ञान-दर्शन (सुख) वीर्यसत्ता रूप प्राणों को लेकर सब जीव समान रूप हैं। जो उपयोग सहित है सो वह जीव है। शेष पाँच द्रव्यों को योगीजन अजीव कहते हैं। हे भरतनरेश, रस, स्पर्श, गंध, वर्ण का संयोग है, उन्हें मूर्तिक कहा जाता है। गलनपूरण गुण युक्त पुद्गल है। सो उसे एक मूर्तिमान् कहा जाता है। व्यवहार नय से जीव भी मूर्ति युक्त है। किन्तु निश्चय नय से उसे मूर्ति रहित कहा गया है। धर्मादि जो चार द्रव्य कहे गये हैं, उन्हें अपने मन में अरूपी विचारो। जीवादि जो पांच द्रव्य कहे गये हैं। सो हे भव्य, काल रहित पाँच अस्तिकाय जानो। वे पाँचों द्रव्य लोक-प्रमाण जानों। उनके असंख्यात प्रदेश जानो। पाँचों अस्तिकाय बहुत प्रदेशों के स्थान हैं। बहु प्रदेशी होने से ज्ञानियों ने काल को काय नहीं कहा है। काय का लक्षण बहु प्रदेशी है। जो काल-द्रव्य में नहीं है। उसकी यह विशेषता है। इसकारण काल अप्रदेशी है। अन्य सब द्रव्य सप्रदेशी होते हैं।

घत्ता- *धम्माधम्मु जिणहु दव्वत्थें णहु एए तिण्णिवि एक्क णिरु॥*
जीउ वि पुग्गलु पुणु कालु तहा सुणु ए अणेय जिणु भणइँ॥१०॥

१/११

आकाश-द्रव्य का निरूपण-

सव्वहँ दव्वहँ अवयास-दाणु आयासु देइ सव्वहँ पहाणु॥
तिं खेत्तत्तणु पुणु घडइ तासु अणहु ण अत्थि रवेत्तहु पयासु॥
सुह-असुह वि किरिया विविह भेय गमणागमाइ वि तहँ अणेय॥
पुग्गल-जीउ वि दोण्णि जि करंति असहाइय किंपि ण ववहरंति॥
सक्किरिय तेण कारणेण विण्णि चत्तारि सेस गयकिरिय मण्णि॥
धम्माइँ चारि-दव्वाइँ जेण ए पुणु वि अत्थ पज्जायएण॥
छह हाणि-विद्धि भेयहिं अणिच्च ते मुक्खवित्ति पुणु भणिय णिच्च॥
विंजण विहाव पज्जाय हीण तेण जि ते णियय सरुव लीण॥
दव्वत्थें पुग्गल जीउ वेवि भो भव्व मुणहु पुणु णिच्च तेवि॥
तहँ पुणु विहाव पज्जायएण परिणवहि जेण एत्थु जि खणेण।
जम्महु जम्मंतरि जीउ जाइ पुग्गलु गलंतु कहमवि ण थाइ॥

घत्ता- *द्रव्यार्थ-नय से धर्म, अधर्म और आकाश एक-एक हैं-ऐसा जिनेन्द्र ने कहा है। जीव, पुद्गल तथा काल अनेक है, इसे सुनो॥१०॥*

१/११

सभी द्रव्यों को अवकाश-दान आकाश ही करता है। अत: वह (आकाश) अवकाश देने में सभी में प्रधान है। वह सब द्रव्यों के क्षेत्रपने को घटित करता है। अत: क्षेत्र का प्रकाश अन्य द्रव्यों में नहीं है। क्रिया शुभ-अशुभ रूप दो प्रकार की है। फिर उनके विविध भेद हैं। गमन-आगमन रूप क्रिया भी अनेक प्रकार की हैं। पुद्गल, जीव दोनों ही द्रव्य करते हैं। बिना सहायता के कुछ भी व्यवहार नहीं करते। इसलिये दोनों द्रव्य क्रियासहित हैं। शेष चार द्रव्यों को निष्क्रिय मानों। निष्क्रिय रूप ये चारों धर्मादि द्रव्य अर्थ पर्याय से छह हानि तथा छह वृद्धि भेदों से अनित्य हैं। वे ही मुख्य वृत्ति से नित्य कहे गये हैं। वे चारों द्रव्य विभाव व्यंजन पर्याय से रहित हैं। इसकारण वे निज स्वरूप से स्वभाव में लीन हैं। द्रव्यार्थिक-नय से दोनों ही पुद्गल एवं जीव द्रव्य हैं। हे भव्य, उन्हें भी नित्य मानों। पुन: वे दोनों ही विभाव-पर्याय से क्षण-क्षण में यहाँ परिणमते हैं। जीव एक जन्म से दूसरे जन्म में जाता है और पुद्गल पूरण-गलन करता है। कैसे भी वह स्थिर नहीं रहता है। इसप्रकार व्यवहार-नय से

ववहारें तें णिच्च ण हवंति — तिं कारणि मुणिवर तउ तवंति ॥
तणु मणु वयणु वि पाणाइँ अण्ण — जीवहु पुग्गलु अप्पइ पसण्ण ॥
पुणु तहु गइ कारणि धम्मु होइ — ठिदिकारणु पयडु अधम्मु लोइ ॥

घत्ता- *आयासु विसुद्धउ तिजय पसिद्धउ अवयासहु कारणु हवए ॥*
वट्टणहु वि कारणुउ परिणइ धारणउ कालदव्वु जगि संभवइ ॥११ ॥

१/१२

जीव-द्रव्य का विशद्-विवेचन एवं लोक-स्वरूप का निरूपण-

परसप्पर कारण जीव होंति — गुरुसिस्सहुँ रूवें उवयरंति ॥
पणदव्वहँ करइ ण जीउ किंवि — तिं भणिउँ अकारणु जिणेण तंवि ॥
पुणु परमसिद्धु णिच्छयणएण — दव्वत्थें छिंदिय भव-भएण ॥
परभावहु कत्ता णत्थि जीउ — णउ हिंडइ चउगइ णाण दीउ ॥
सो पुणु असुद्धणिच्छएण तोवि — सुह-असुह कम्म-आयइ बेवि ॥
ताहँ जि फलु भुंजइ सुह-दुहाइँ — णर-णारयाइँ णाणाविहाइँ ॥
लोयालोउ वि अहिभूउ जेण — आयासु सव्वगउ भणउं तेण ॥
धम्माधम्मेहि तिलोय-थत्ति — वण्णिय दीसइ णाणेण सत्ति ॥
सव्वगय ते वि तिं कारणेण — जीउ वि लोय पूरण खणेण ॥

वे दोनों जीव, पुद्गल नित्य नहीं हैं। इसीकारण मुनिवर तप को तपते हैं। पुद्गल, जीव को तन, मन, वचन, अन्न और भी प्राणादि देता है। उनकी गति का कारण धर्मद्रव्य है और लोक में प्रकट स्थिति का कारण अधर्मद्रव्य है।

घत्ता- *केवल आकाशद्रव्य तीनलोक में प्रसिद्ध अवकाश देने का कारण है। वर्तना का कारण परिणति को धारण करने वाला कालद्रव्य जगत् में मौजूद है ॥११ ॥*

१/१२

जीव परस्पर में कारण होते हैं। गुरु शिष्य के रूप में उपकार करते हैं। जीव पाँचों द्रव्यों का कुछ भी कार्य नहीं करता। इसकारण जिनेन्द्र ने इस जीव-द्रव्य को अकारण कहा है। पुनः निश्चय-नय से द्रव्यार्थ से जीव-द्रव्य परम सिद्ध है। भव-भय से रहित है। इसलिये भी जीव परभावों का कर्ता नहीं है। वह ज्ञान-दीपक जीव चारों गतियों में भी नहीं भटकता, तो भी वही जीव अशुद्ध निश्चय-नय से शुभ-अशुभ दोनों भावों का आचरण करता है तथा पुद्गल भी शुभ-अशुभ कर्म रूप आचरण करता है। जीव उन शुभ-अशुभ कर्मों के पुण्य-पाप के फल स्वरूप नानाप्रकार के फल को सुख-दुःख आदि और अनेक प्रकार के नर-नारकादि

एक्केक्कहँ जीवहँ भेयएण सो पुणु असव्व-गउ मुणि मणेण॥
पुग्गल-महखंधु तिलोयतउ सो सव्वगउ जि अच्छरिय भूउ॥
सेस जि पुग्गलु उवेक्खयाइँ होइ ण सव्वगउ णियमें कदाइँ॥

घत्ता- *पुणु जाणहु कालहु अइविकरालहु भिण्ण-भिण्ण परमाणु तुहु॥*
तिं सो जि असव्वउ तह पुणु सव्वउ होइ विविह कालाणु पहु॥१२॥

१/१३

व्यवहार एवं निश्चय-नय से जीवाजीव-द्रव्य का विवेचन -

ववहारें ए पुणु सयल दव्वु अण्णोण्ण जि मिलियइ सयल सव्वु॥
एकम्मि खेत्त अवगाह ढुक्कु णिवसंति सया णियगुण गुरुक्कु॥
णिच्छएण पुणु वण्णिय णिय सहाउ कहव ण मेल्लहिं ते सुद्ध-भाउ॥
इय दव्वहु भेयाभेय जुत्ति जाणिप्पिणु भव्वें णियय चित्तु॥
हेयोपाएयहु मुणिवि भेउ झाइव्वउ चेयण-गुणु समेउ॥

योनियों की पर्यायों को भोगता है। इसप्रकार जीव-पुद्‌गल दोनों ही कर्ता हैं तथा भोक्ता केवल जीव ही है। लोक-अलोक जिसमें समा गये हैं, ऐसा एक आकाश-द्रव्य ही सर्वगत कहा गया है। त्रिलोक की स्थिति धर्म-अधर्म द्रव्यों से है। नहीं तो लोक की व्यवस्था नहीं बनती। लोक बढ़ता ही जाता, ऐसा सम्यग्ज्ञान से इस सत्य को देखा गया है। इसलिये धर्म-अधर्मद्रव्य भी लोक में सर्वगत हैं। लोक पूरण समुद्घात के काल में एक समय जीव भी लोक में सर्वगत होता है।

एक-एक जीव के भेद से वह जीव असर्वगत है। ऐसा अपने मन में जानो। त्रिलोक-प्रमाण महा-स्कंध रूप पुद्‌गल होता है। इस अपेक्षा से लोक में वह भी आश्चर्यमय रूप से सर्वगत है। यह भी कहा गया है। शेष पुद्‌गल भी जो देखे गये हैं। वे कभी भी सर्वगत नहीं होते हैं। ऐसा नियम है।

घत्ता- *पुन: तुम अतिविकराल काल भिन्न-भिन्न परमाणु जानो। इसकारण वह कालद्रव्य भी असर्वगत है। उन विविध कालाणुओं से समस्त लोकाकाश व्याप्त है॥१२॥*

१/१३

व्यवहार-नय से पुन: ये सभी द्रव्य अन्यान्य परस्पर में मिलते रहते हैं तथा सभी द्रव्य एक क्षेत्र में अवगाह रूप से प्रविष्ट हैं। परन्तु सदा अपने महान् गुणों से भिन्न-भिन्न निवास करते हैं। निश्चय-नय से सभी द्रव्य निज-निज स्वभाव में स्थित हैं। वे कभी भी अपने शुद्धभावों को नहीं छोड़ते हैं। इसप्रकार हे भव्य, सब द्रव्यों का

रयणत्तय-जुत्तउ णाणपिंडु जिं पउ लब्भइ अइरें अखंडु॥
जस अलहमाणु भवि भमिउ जीउ हूवउ णरु महिला-पुणु किलीउ॥
तं भावहु तं सद्दहहु भव्व तं भासहु तं रोचहु अगव्व॥

घत्ता- *जीउ-अजीवहु मिलियउ कम्में कलियउ अप्पापरु ण वियाणइँ॥*
तं पंचपयारइँ वेयण सारइँ णरय-विवरि दुह माणइँ॥१३॥

१/१४

आत्मा का स्वरूप एवं भेद-प्रभेद-

पुणु तिविहु वसहु अप्पा भणइँ पढमिल्लु चक्कि विणएँ सुणइँ॥
अइमूढु वियक्खणु बंभु परु इय णामहिं पयडइ परमपरु॥

भेदाभेद युक्ति से निज चित्त में अच्छी तरह जानो तथा हेय-उपादेय का भी भेद जानकर चैतन्य गुण सहित जीव-द्रव्य का ध्यान करना चाहिये। वह जीव रत्नत्रय युक्त ज्ञान का पिण्ड है, वही शीघ्र ध्यान से अखण्ड पद का लाभ कराता है। ऐसे जिस स्वरूप को जीव नहीं ध्याता है-वह जीव संसार में भटकता है। वह पुरुष-स्त्री और नपुंसक योनियाँ में जन्म लेता रहता है। अतः हे भव्य, उस जीव स्वरूप का चिन्तन करो। उसी का श्रद्धान करो और उसी को कहो। तथा गर्व रहित होकर उसी स्वरूप के प्रति अपनी रुचि करो।

घत्ता- *जीव-अजीव दोनों मिले है, वे कर्मों से बंधे हैं। जिस कारण आत्मा और पर का भेद नहीं जाना जाता है। वह अज्ञानी जीव पंच प्रकार की वेदना वाले नरक-बिलों में दुःखों को भोगता है॥१३॥*

विशेषार्थ- *परिणामी-अपरिणामी, जीव-अजीव, मूर्त-अमूर्त, रूपी-अरूपी, अस्तिकाय-अनस्तिकाय या अकाय बहुप्रदेशी-अप्रदेशी, एक-अनेक, क्षेत्र-अक्षेत्र, क्रिया-अक्रिया, सक्रिय-निष्क्रिय, नित्य-अनित्य, स्वभाव-अस्वभाव, स्थिर-अस्थिर, उपकार, कर्ता-अकर्ता, भोक्ता-अभोक्ता, सर्वगत-असर्वगत लक्षण, अन्योन्य प्रवेश-अप्रवेश, ज्ञानी-अज्ञानी अधिकारों की दृष्टि से यहाँ समस्त द्रव्यों का वर्णन किया गया है।*

१/१४

पुनः श्री ऋषभदेव कहते हैं कि आत्मा तीन प्रकार की होती है। जिसे विनयशील चक्रवर्ती भरत ध्यान पूर्वक सुनता है। प्रथम अतिमूढ आत्मा, द्वितीय विचक्षण आत्मा और तृतीय परम ब्रह्म आत्मा। इन नामों को परम परमात्मा ऋषभदेव प्रगट करते हैं।

देहु जि अप्पा मणइ णिरऊ सो मूढ होइ बहु जोणि रऊ॥
जो देह वसंतउ णाण मऊ सुणिय छह भेय समाहि रऊ॥
सो होइ वियक्खणु अप्पवसु फुडु खिवइ सुहासुह-कम्म वसु॥
जसु पुणु वि ण गंधु ण वण्णु रसु णउं सद्दु ण रुउ ण जसु-अजसु॥
णउँ कोहु ण माया माण मऊ सो णिच्च-णिरंजण-विगय रऊ॥
उप्पज्जइ णउँ कालें मरइ णउँ आइ-अंतु वड्ढइ रिवरइ॥
जं पेच्छइ सुद्धु अमुत्ति मऊ तं केवलदंसणु विगयभऊ॥
जं जाणइ णिय पच्चयकरणु तं णाणु समुज्जलु भवतरणु॥
जं णिच्चल ठिदि तच्चत्थि पुणु तं चरणु पवित्तु भणेइ जिणु॥
ववहार-गंथु एहु जि चरिउ तं पाहुड अच्छु ण विच्छरिउ॥

घत्ता- *इय तच्चु सुणेप्पिणु मणि भावेप्पिणु भरहेसरु पणविवि जि तहुँ।*
पुणु आउ अउज्झहिं वइरि दुगुज्झहिं दिट्ठउ सुव मुहु तेण लहु॥१४॥

देह को आत्मा मानकर उसी में जो रत रहता है। वह अनेक योनियों में रत संसारी प्रथम मूढ-आत्मा है। जो देह में निवास करने वाले ज्ञान-मय आत्मा को भिन्न देखता है और समाधि में (ध्यान में) स्वरूप में रत (लीन) होता है; वह स्वाधीन विचक्षण द्वितीय आत्मा है। स्पष्ट ही वह इन शुभ -अशुभ आठ कर्मों को नाश करता है। जिसके पुन: गंध नहीं है, वर्ण नहीं है, रस नहीं है, शब्द नहीं है, रूप नहीं है, तथा यश-अयश नहीं है। न क्रोध है, न माया है, न मान है, न मद हैं, वह आत्मा केवल-दर्शन-ज्ञान रूप भय रहित है। वह नित्य, निरंजन, वीतराग, तृतीय परम ब्रह्म आत्मा है। वह न उत्पन्न होता है, न काल से मरता है। उसका न आदि है, न अंत है, न वह बढता है, न क्षय होता है। ऐसी जो आत्मा को शुद्ध अमूर्तिक देखता है। केवल-दर्शन ज्ञानमय भय रहित देखता है-श्रद्धान करता है। ऐसा जो जानता है, नित्य प्रतीति करता है। वही आत्मा ज्ञान से समुज्वल संसार से पार होता है। ऐसा मानना सम्यग्दर्शन है। ऐसा जानना ही सम्यग्ज्ञान है। तत्त्वार्थ में निज स्वभाव में निश्चल स्थिति करना यह पवित्र निश्चय सम्यग्चारित्र है। ऐसा जिनेन्द्र ने कहा है। व्यवहार-चारित्र का वर्णन अन्य पाहुड-ग्रन्थों में है। इसलिये यहाँ उसका विस्तार पूर्वक वर्णन नहीं किया है।

घत्ता- *ऐसा तत्त्व स्वरूप सुनकर मन में भावना कर श्रीभरतराज ने भगवान् को प्रणाम किया। पुन: बैरियों के लिये दुष्प्रवेश्य अयोध्यापुरी में आ गये और शीघ्र ही भरत ने अपने पुत्र का मुख देखा॥१४॥*

पुष्पिका

इय सिरि महाराय रिसहपुत्त भरह-बाहुबलि चरिए आइपुराणस्स सुत्त-अणुसरिए सिरि पंडिय रइधू विरइए सिरिमहाभव्व खेमसीह-साहु-णाम-णामंकिए रिसह-णाणोप्पत्ति भरत समवसरणगमणं दव्व-सख्व आयण्णं णाम पढमो-संधि परिच्छेउ समत्तो ॥ संधि ॥ ३ ॥ छ ॥

इत्याशीर्वादः

विश्वकलाभिः सकलो न तु सकलो दृश्यते सदापूर्णः ॥
क्षेमानिधीति साधुः क्षेमेनैवात्र नंदताल्लोके ॥ छ ॥

ध्यातव्य- *यहाँ चक्रवर्ती भरतेश्वर के दोनों प्रश्नों के उत्तरों (समस्त द्रव्यों के स्वरूप और सम्यग्दर्शन आदि रत्नत्रय) का वर्णन पूर्ण हुआ, जो कि अच्छी तरह मनन करने योग्य है।*

पुष्पिका- *इसप्रकार आदिपुराण-सूत्र के अनुसार श्री पंडित रइधू द्वारा विरचित श्री महाभव्य क्षेमसिंह साधु नामसे अंकित श्री महाराज ऋषभपुत्र भरत-बाहुवलि चरित में श्रीऋषभदेव की ज्ञानोत्पत्ति तथा भरत का समवसरण-गमन और वहाँ द्रव्यों के स्वरूप का श्रवण-वर्णन करने वाला प्रथम संधि-परिच्छेद समाप्त हुआ॥*

इत्याशीर्वाद *-यह क्षेमसिंह साहू विश्व की समस्त कलाओं से पूर्ण थे। परन्तु वे चन्द्र नहीं थे। क्योंकि चन्द्रमा कलाओं सहित सदा पूर्ण नहीं दिखाई देता है। अतः यह खेऊ साहू चन्द्रमा से भी बढ़कर थे। क्योंकि वे सदा पूर्ण थे। ऐसे क्षेमनिधि साहु इस लोक में सदा आनन्द पूर्वक रहें।*

❀❀❀

दूसरी संधि

२/१

भरतेश्वर-चक्री ने अयोध्यापुरी में चक्ररत्न की पूजा की। तत्पश्चात् मागधदेव पर निज नामांकित अमोघ-बाण छोड़ा, जिससे हड़कम्प मच गया-

----

दुवइ- *पुणु भरह सउणे महियले धण्णें चक्करयणु अच्चेवि खणि॥*
छव्विहु दलु सज्जिवि पुणु समज्जिवि सेणावइ सहु भद्ददिणि॥

दुवइ- *चल्लिउ चक्कु जक्खसयरक्खिउ सहसा तेय फुरंतउ॥*
उज्झाउरि चलेवि णीसरिऊ तहु पहि बलु तुरंतऊ॥छ॥

विजय-जत्त चल्लिउ चक्केसरु   इंद-दिसइँ णं बालदिणेसरु॥
अज्जखंड णरवइ साहंतउ   गंगासायर तडि संपत्तउ॥
सेणु सयलु तत्थु जि आवासिउ   सत्तित्तय संपुण्णु गुणासिउ॥
एत्तहिं चंडयरुवि अच्छासिउ   णं वारुणदिसि तियरायासिउ॥

२/१

दुवइ- *पुनः सम्पूर्ण महीतल में धन्य उन भरतेश ने क्षण भर के बाद ही चक्ररत्न की अर्चना की। तत्पश्चात् छहप्रकार की सेना-दल को सजवाया तथा भद्र (शुभ) दिन में सेनापति को बुलाया और उसके साथ सहसा (एकदम) अपने तेज से स्फुरायमान सौ यक्ष-देवों से रक्षित वह चक्र अयोध्यापुरी से चला। वे भरतेश्वर-महाराज भी अयोध्यापुरी से निकले। उनके पीछे-पीछे उसी मार्ग से तुरंत उनकी सेना भी चल पड़ी।*

चक्रेश्वर सर्वप्रथम पूर्व-दिशा की ओर विजय-यात्रा के लिये चले ठीक उसीप्रकार चले, जिसप्रकार कि बाल-सूर्य पूर्व-दिशा में चलता है। नरपति (उस भरत) ने आर्य-खण्ड को साधा (जीता)। उसके बाद तीन प्रकार की शक्तियों से समृद्ध गुणाधार चक्री-भरत गंगा-सागर के तट पहुँचे। अपनी समस्त सेना को उन्होंने वहीं तट पर ठहरा दिया। इतने में चंडरुचि सूर्य अस्ताचल को प्राप्त हुआ, मानों पश्चिम दिशा में लाल वर्ण की दीप्ति ने ही आश्रय ले लिया हो अथवा मानों पश्चिम-दिशा रूपी तिया के राग ने ही आश्रय ले लिया हो।

तभी भरत ने प्रत्याख्यान (आहारत्याग) किया। पुनः सूत्र-प्रधान (ज्ञानी) भरत

ता भरहें किउ पच्चक्खाणउ पुणु दब्भासणि सुत्तपहाणउं ॥
दिट्ठिणिमित्तु जेम मागहु सुरु साहिज्जउ पुणु गोसि णरेसरु॥
तक्खणि उट्ठिउ विहिउ चक्क आमंतणु पुणु सज्जिउ सुर-संधणु ॥
तक्खणि किउ आरोहणु भरहणरेसें करि कोदंडु गहेवि विसेसें ॥
सायर-णीरोवरि रहु गच्छिउं बारह जोयण जाइवि अच्छिउ ॥
जा तिं टंकारियउ सरासणु जायउ अरियणाहं संतासणु ॥
पलयकाल जलहरुव्व तडप्पिउ तहुं सद्दे भणु को ण कडप्पिउ ॥

घत्ता- *ता वाणु अमोहु तिहुव णक्खोहु णियणामंकिउ गुणि ठयउ।*
पुणु दीउ णियच्छिवि खणि-खणि पेच्छिवि कंडु णिवें आयड्ढियउ ॥१ ॥

दुवइ- *चित्त-विचित्तु सपुंखु गयणंगमु णं गारुडु विहंगमो,*
गुण-उज्झियउ मम्म विंझणपरु णं दुज्जणहु संगमु,
तं मागह-विंतर-देवहु धरि तडि-दंडुव्व पडिउ,
गिरिवरसिरि ताम विरुद्धु कुद्धु मगहाहिउ,
चवइ कवणु कालाणिल चाहिउ ॥१ ॥

दर्भासन पर बैठे और सो गये। उसी समय उन्होंने ऐसे शुभ निमित्त देखे जिनसे मागध-देव को साधा जा सके। पुनः प्रभात में वे नरेश्वर शीघ्र ही उठे तथा अपने चक्र को आमंत्रित किया। पुनः देव-रक्षित धनुष को सजाया। तत्क्षण भरतनरेश ने रथ पर आरोहण किया। विशेष रूप से हाथ में धनुष को धारण किया।

वह रथ समुद्र में जल के ऊपर स्थल की तरह गया और बारह योजन दूर जाकर ठहर गया। वहाँ जब भरत ने धनुष की टंकार की तब अरिजनों को भय हो गया, मानों प्रलय-काल के मेघ की तड-तड ध्वनि हुई हो। उस ध्वनि-शब्द से कहो कौन कंपायमान नहीं हुआ?

घत्ता- *तब त्रिभुवन को क्षुब्ध करने वाले निज नामांकित अमोघ-बाण को धनुष पर चढाया। उस मागध-देव ने अपने द्वीप में भरतेश्वर द्वारा प्रेषित निज नामांकित कांड-बाण को क्षण-क्षण में देखा॥ १ ॥*

दुवइ- *वह चित्र-विचित्र पंख लगा हुआ गगन-गामी बाण ऐसा प्रतीत हो रहा था, मानों गरुड पक्षी ही हो। डोरी से छोडा हुआ वह बाण, मानों गुण रहित मर्म-वेधन-कारी दुर्जन का समागम हो। वह बाण मागध-व्यंतरदेव के घर बिजली दंड के समान उसीप्रकार गिरा जिसप्रकार गिरिवर शिखर पर बिजली गिरती है। अपने विरुद्ध उस बाण को देखकर मागधदेव बहुत क्रुद्ध हुआ और बोला कि ऐसा कौन है, जो काल-वायु (मरण) को चाहता है?॥ १ ॥*

२/२

मागधदेव के मन्त्री ने उसे बतलाया कि यह अमोघ-बाण तो चक्री-भरतेश्वर का है। अतः मागधदेव भी भरतेश्वर की सेवा में पहुँचता है-

----

किणि जम-महिसे सिंग पुणु तोडिय केण छुहाउर रक्खस रोडिय॥
लेहु-लेहु कहँ-कहँ अरि अच्छइ करहु कवलु जा हूरि ण गच्छइ॥
ता तहिं मंतिहि कंडु पलोयउ बहु वण्णंकिउ चित्तु वं जोयउ॥
भणिउ सणाहहु तउ चक्केसरु भरहखेत्त-पहु भरह-णरेसरु॥
अमर-खयर-णर-विसहर साहउ भो पहु तहु करेहि आराहहु॥
तासु पसाएँ सुहु भुंजिज्जइ अहिमाणे किं णिय खउ किज्जइ॥

घत्ता- *इय सर-अक्खरसरु आयणि विसरु मच्छरभरभरह विमुक्कउ।*
णं गरुड अडप्पिउ पयणहं चप्पिउ णयमुहु णाऊव थक्कउ॥ २॥

दुवइ- *ता णिय मंति वयण दिव्वंवर रयण लएवि पसट्ठऊ।*
पय पणवंतु दिंतु अग्घावलि पत्तउ जहिं णिउट्ठिऊ॥ २॥

२/२

यमराज ने महिष का रूप धारण करके पुनः सींग तोडकर क्षुधातुर उस राक्षस ने रोडा (हल्ला) किया और चिल्लाकर कहा कि उसे पकड़ो-पकड़ो कहाँ है वह शत्रु? उसे खा डालो जिससे कि वह भाग न सके। उसी समय उसके (मागध के) एक मंत्री ने भूमि में बहु वर्णांकित चित्र के समान वर्ण (नाम) से अंकित बाण को देखा। तब उसने अपने स्वामी मागध देव से कहा कि यह बाण तो भरत-क्षेत्र के प्रभु भरत-नरेश्वर चक्रेश्वर का है। उसने अमर (देव), विद्याधर, नर, विद्याधर (नागेन्द्र) सभी को अपने वश में कर लिया है। हे प्रभु, उस की आराधना करो। उसी के प्रसाद (कृपा) से अब सुख-भोग सकोंगे। अब अभिमान करके क्यों अपना क्षय करते हो?

घत्ता- *मंत्री ने सलाह दी कि हे राजन्, मागधदेव, अक्षर-स्वर नाम वाला बाण देखो और अब अपने मत्सर-भार (विद्वेष) को भूल जाओ। यह भरतेश्वर द्वारा छोड़ा हुआ बाण है। वह ऐसा प्रतीत हो रहा है, मानों गरुड़ ही यहाँ आकर अड़ गया हो अथवा पैरों को ही पकड़ लिया हो। अतः अब चुप रहकर बैठे मत रहे॥ २ ॥*

दुवइ- *तब अपने मन्त्री का कथन मानकर दिव्य-वस्त्र-रत्न लेकर वह मागधेदव वहाँ चला, जहाँ वे भरतेश्वर-चक्री विराजमान थे। वहाँ जाकर उसने उनके चरणों में प्रणाम किया तथा अर्घावलि समर्पित की॥ २॥*

२/३

मागधदेव चक्री-भरतेश्वर का गुणगान कर उनका किंकरत्व स्वीकार कर लेता है-

----

णमंतु पयाणि पयंपइ वाणि दयावरु दिट्ठु सरासण पाणि ॥
णिरंजणु गंजिय णीर-पवाहु रिसीसर-णंदणु चक्क-सणाहु ॥
सुधण्णउ वासरु अज्ज मणिट्ठु धरापहु जत्थ घरंगणि दिट्ठु ॥
तवागमि संगमि हं सा कियत्थु हुउ भरहेसर णट्ठ अणत्थु ॥
मय पहु अज्ज सुलद्धिए लद्धि सउण हं सिद्धिय पुणु समिद्धि ॥
कियत्थउ सामिय हउँ हुउ अज्जु सभिच्चहँ जुग्गु पयंपहि कज्जु ॥
सुरत्तु पवित्तु वि जायउ अम्ह जु पेच्छिय पायंभोरुह तुम्ह ॥
सया हुउं किंकरु आण पडिच्छु पगिण्हहि सामिय कप्पु मणिच्छु ॥

घत्ता- *इय भणिवि सुथुत्तहिं बहुगुरुभत्तिहिं पणविवि रिउ भयणासहु।*
सेवा सुपडिछिवि रयण पयछिवि गउ मागहु णियवासहु ॥३ ॥

२/३

भरतेश्वर के श्री-चरणों में नमस्कार कर वह (मागध-देव) कहता है कि-दया में प्रधान, धनुष हाथ में लिये, निरंजन, नीर-प्रवाह का गंजन (मर्दन) करने वाले उन ऋषीश्वर (ऋषभदेव) के नंदन को चक्र सहित हमने स्वयं देख लिया है। अतः आज का यह दिवस धन्य है, जो पृथिवी के लिये इष्ट देव चक्री-भरतेश्वर को अपने घर के आंगन में आया हुआ देख लिया है।

पुनः मागधदेव भरतेश्वर से कहता है कि -हे राजन्, आपके यहाँ आने से आज मैं कृतार्थ हुआ हूँ। हे भरतेश्वर, मेरे सारे अनर्थ अब नष्ट हो गये हैं। हे मेरे प्रभु, आज, मानो मैंने सभी लब्धियों और समस्त सिद्धि-समृद्धियों को प्राप्त कर आज कृतार्थ हुआ हूँ। अब आप अपने इस सेवक के योग्य सेवा-कार्य कहिये। मेरी देव पर्याय भी आज सफल (पवित्र) हुई, जो आप के चरण-कमलों को देखा। मैं आपका अब सदा-सदा के लिये किंकर हो गया। आज्ञा दीजिये। हे स्वामी, मन में स्थित कल्पित-कार्य को कहिये।

घत्ता- *इसप्रकार शत्रु-भय को नाश करनेवाले प्रभु की बार-बार स्तुति कर तथा अत्यन्त भक्ति पूर्वक प्रणाम कर अपनी सेवा समर्पित कर रत्नों की भेंट देकर वह मागध देव अपने वास-स्थान को लौट गया॥ ३ ॥*

दुवइ- एत्तहिं चक्कणाहु रहु मोडिवि सायर-तडि समायऊ।
हुउ दुंदुहि-णिणाउ णर-अमरहिं चित्त ण तोसु मायऊ॥३॥

२/४

चक्री-भरतेश्वर विजय-यात्रा के प्रसंग में दक्षिण-समुद्र-तट तक पहुँच गये-

----

पुणु तत्थाउ चलिउ कलकलयलु रयणायर-तडि रयणाहिव बलु॥
अमर-घर णडंति रहसुल्लिय चक्करयण अणुमग्गें चल्लिय॥
दंडरयणु गिरितरुगहणंतर बिसम-थूह फेडंत पहंतर॥
भरतसिरोवरि छत्तु फुरंतउ दीसइ अरिणर तेय हरंतउ॥
तहँ गोउलि-गोवह साहंतउ भिल्ल-पुलिंदह-कप्प वहंतउ॥
वसि करंतु पट्टण णयरायइँ संपत्तउ पहु दाहिण सायरइँ॥
वज्जवेइ दीवंतर जहिं ट्ठिय णरणाहें सा तत्थ जि दिट्ठिय॥
काणणि वइजयंत णियडासणु तहिं आसंधिवि थिउ अरि तासणु॥
घत्ता- *बलु तहिं छंडेप्पिणु रहु मोडेप्पिणु चिरु जहँ-जहँ चक्केसरु।*

दुवइ- *इतने में ही चक्रनाथ भरतेश्वर अपना रथ लौटाकर सागर-तट पर आ गये। उसी समय आनन्दकारी दुंदुभि बाजों का शब्द हुआ, जिसका हर्ष मनुष्यों और देवों के मन में न समाया॥ ३॥*

२/४

पुनः वहाँ से कलकल (कोलाहल) ध्वनि करती चक्र-रत्नाधिप-भरत की सेना समुद्र के तट से आगे चली। हर्ष से उल्लसित अप्सराएँ नृत्य कर रही थीं। चक्ररत्न मार्ग के अनुकूल चल रहा था। दंडरत्न पहाडों के गहन-वन के भीतर विषमस्तंभों (सूखे-वृक्षों) को काटता हुआ मार्ग बना रहा था। भरतेश के शिर के ऊपर छत्र चमक रहा था। वह ऐसा दिखता था, मानों शत्रुजनों के तेज को चुरा रहा हो।

उन्होंने गोकुल में गो-समूह को संभालते हुए भी भील-पुलिंद-समूह को वश में किया। पट्टन-नगरादि को अपने वश में किया और ऐसा करते-करते वे प्रभु दक्षिण-समुद्र में वहाँ जा पहुँचे, जहाँ स्थित होकर द्वीपांतर को जाते हैं। उन नरनाथ ने वहाँ वन में एक वैजयंत-पताका देखी। उसी कानन में वैजयंत के निकट आसन माँडकर शत्रु को त्रास देने वाले नरनाथ वहाँ स्थित हो गये।

घत्ता- *वहीं पर अपनी सेना को छोड़कर अपने रथ को मोडकर चिरकाल तक*

वरतणु सुरु साहिवि आणा गाहिवि पुणु पहा सुलहं सुरवरु॥४॥

दुवइ- *पुणु संचलिउ सयलु चक्काहिउ णवणिहिरयण सामिउं।*
अदलिद्दओ वि परहँ दव्वाउलु हिंडइ मोक्खगामिउ॥४॥

२/५

चक्री-भरतेश्वर की विजय-यात्रा। चलते-चलते वे विजयार्ध-पर्वत की उत्तरी-श्रेणी में पहुँचते हैं। वहाँ के म्लेच्छ-राजाओं को पराजित कर वहाँ की भयानक-गुफा का द्वार खोल देते हैं-

----

गच्छइ जहें दुंदुहि-णिग्घोंसें   पयहिय धीर-वीर मण-तोसें॥
गिरि-विजयड्ढि णियडि जाइवि ट्ठिउ   विज्जाहरहि णाविवि पहु दिट्ठउ॥
विहु सेढी रवेयर-पहु वसि हुव   णमि-विणमि वि सेवहिं तहु पय-जुव॥
एत्तहिं सिरिवर-सिरहिं णिवासउ   आयउ तत्थ खणि अमियासउ॥

वहीं रहे और वहाँ उन चक्रेश्वर ने वरतनु नामके व्यन्तर-देव को सिद्ध कर लिया। उसको भी अपना आज्ञाकारी बनाया तथा उस देव से भेंट स्वीकार की॥ ४ ॥

दुवइ- *पुनः वे नवनिधि-रत्नों के स्वामी चक्राधिप भरत, अपनी समस्त सेना लेकर आगे चल दिये। वह स्वयं तो मोक्षगामी थे। अदरिद्र (धनी) थे परन्तु पर (दूसरों) के द्रव्य की आकुलता वाले होकर वे भ्रमण कर रहे थे।*

तात्पर्य- *यह कि सब जीव सुखी रहें। अपने-अपने द्रव्य को सब कोई भोगें, निर्भय रहें। यही परद्रव्य के रक्षा की उन्हें आकुलता थी, न कि चोरी के भाव थे। यह अदरिद्र और पर-द्रव्य की आकुलता रूप विरोधाभास का परिहार है॥ ४॥*

२/५

जहाँ-जहाँ भी भरतेश्वर जाते थे, वहीं-वहीं दुंदुभि-बाजों का घोष होने लगता था। वे वीर, प्रजा के हित को अपने मन में रखकर संतोष (आनंद) पूर्वक जाते थे। जब वे विजयार्ध-गिरि के निकट जाकर स्थित हुए तभी वहाँ-वहाँ के विद्याधरों ने आकर नमस्कार कर उन प्रभु के दर्शन किये। दोनों श्रेणियों के समस्त विद्याधर-राजागण उनके वश में हो गये। नमि-विनमि भी आकर उन भरत के चरण-युगल की सेवा करने लगे।

इतने में ही उसी क्षण श्री विजयार्ध-गिरिवर के शिखर का निवासी अमृताशी-देव वहाँ आया। मणिमय-शेखर द्वारा अलंकृत शिर वाला वह देव प्रणाम कर भरतेश से बोला-हे तीर्थंकर-पुत्र, आप विजय के भाजन हों, आप अरिजन-समूह के चित्त को भय देने वाले हो। हे भरतेश्वर, आपने तीन-खण्ड-भूमि साध ली है जो सकल

मणिमय सेहरलंकिय सीसो पणविवि वुत्तु तेण भरहेसो॥
भो तित्थंकर-सुय जय-भायण अरियणविंद चित्त-भयदायण॥
भरहेसर पइ तिक्खंडावणि साहिय एह सयल सुहदायिणि॥
वेयड्ढहु उत्तर-दिसि खंडइ तिण्णि अच्छि पुणु मेच्छ पयंडइ॥
तहँ साहण-विहि किज्जइ णिवरिसि सिरि इक्खाय-वंस-णहयल-ससि॥
करि णियबलु गिरिगुह उग्घाडहि दंडें ताहि दारु विब्भाडहिं॥
गमणपंथु तुम्हहँ जिह सिज्झइँ आहवि जेम मेच्छ-गण बज्झइ॥
तं णिसुणिवि भरहें मेहेसहु मुहु दिट्ठहु भत्तिल्ल जिणेसहु॥
उट्ठिउ सो पसाउ भासंतउ अस्सरयणि आरूढ तुरंतउ॥
दंडरयणु करि धारिउँ चंडें पेच्छिउ गुहपएसु रणचंडें॥
गुह-मुहु विवरम्मुहु हरि धारिउ दलवइणा जिणवरु जयकारिउ॥
पुणु गिरिवरु विब्भाढिउ कसघाएँ तुरउ वि आयाडिउ॥
वज्जागणि जाला खणि णिग्गय तडयड सद्दें कंपिय दिग्गय॥
जउ णरेसु सव्वहिं जयकारिउ तेण चक्कि विणएँ णीहारिउ॥
गुहवासिय देविं भरहेसरु वच्छाहरणहिँ पुज्जिउ सुहयरु॥

सुख देने वाली है। इसी विजयार्ध की उत्तर-दिशा में प्रचंड म्लेच्छों के तीन-खण्ड और हैं।

अत: हे नृप-ऋषि (राजर्षि) श्री इक्ष्वाकु-वंश रूपी नभ के चंद्र, आप उन खण्डों की साधन-विधि (उपाय) भी करिये। अपने बल के द्वारा इस पर्वत की गुहा उघाडिए और अपने दंड-रत्न से उसके द्वार को उपाड दीजिए। जिससे कि आपको वहाँ के खंडों में जाने का मार्ग प्राप्त हो सके और जिससे युद्ध में म्लेच्छ-गण बाँधे जा सकें।

उस देव के वचन सुनकर भरत ने जिनेश के भक्त मेघेश (जयकुमार) के मुख की ओर देखा और सभी बातें बतलाईं। वह मेघेश भी 'आपका प्रसाद' (जैसी आपकी आज्ञा) कहता हुआ उठ खड़ा हुआ, तुरंत ही वह अश्वरत्न पर आरूढ हुआ, उस चंड वीर ने दंडरत्न हाथ में धारण किया और उस रणचंड मेघेश ने गुहा का स्थान देखा। गुहा के मुख छिद्र के सम्मुख अपने हरि (अश्व) को खड़ा किया और उस सेनापति मेघेश ने जिनवर की जय-ध्वनि की और उस गिरिवर की गुहा के द्वार को अपने दंड से उपाड दिया। कशा-चाबुक के घात से घोड़ा को भी दौडाया। तत्काल ही उस पर्वत से वज्राग्नि की ज्वाला निकली। पर्वत की तड-तड ध्वनि से दिग्गज भी काँप उठे। भरत-नरेश की 'जय हो-जय हो' ऐसा सभी ने जय-जयकार किया। सेनापति मेघेश ने भी विनयपूर्वक भरत-चक्रवर्ती की ओर निहारा। गुहा-वासी देव ने भी सुखकारी भरतेश्वर की वस्त्राभरणों से पूजा की।

घत्ता- *छम्मासाणंतर सा सीयल दरि संजाया पर-कज्ज जु समा।*
चंदण-रस-सिंचिया बहु सुमंचिया विरहि णिव्व पियसंगमा॥५॥

दुवइ- *णिट्ठुर दंडपहउ विजयगिरि ते कोहें पलित्तउ।*
णं तणु सेण गिलण मणु दीसइ गुहमुहंमि स विरत्तउ॥५॥

२/६

चक्ररत्न के मार्ग-दर्शन में भरतेश्वर एक अन्धेरी-गुफा में कांकणीरत्न के प्रकाश में आगे बढते हैं। म्लेच्छ-राजा उन्हें देखकर भयभीत हो जाते हैं-

----

तउ सम्मुहे चक्कमग्गाणुलग्गो बलो चल्लिउ हल्लिउ णायमग्गो॥
णरा-खेयरा-किण्णरा चत्तमाणा हुया चक्क-चिक्कार भीयाअयाणा॥
हया मत्त-मायंग-धीरा-सुवीरा सवेया सगज्जा सतेया सरीरा॥
दरीहिं पइट्ठा रहंगाणुमग्गं तमोहेहिं छण्णं ण सुज्झेइ मग्गं॥

घत्ता- छह मास के अनंतर (पीछे) वह गुहा शीतल हुई। पर-कार्य (मोक्ष) के समान शीतल होने पर उन्होंने उसे चंदन-रस से सींचा और बहुत पुष्पों द्वारा अर्चना की, ठीक उसीप्रकार, जिसप्रकार कि कोई वियोगिनी-(विरहिणी) स्त्री प्रिय-समागम से शीतल हो जाती है और चंदन-रस से स्नान करके पुष्प धारण करती है॥५॥

दुवइ- निष्ठुर दण्ड से प्रहत विजयार्ध-गिरि बड़े क्रोध से व्याप्त हो गया। गुहा का मुख ऐसा लाल हो गया, मानों विजयार्ध-गिरि भरत-राजा की सेना को निगलने का मन वाला ही दिखाई दे रहा हो॥ ५॥

विशेष-इस प्रसंग में कवि ने पर्वत के क्रोध की उत्प्रेक्षा की है। गुहा तो स्वयमेव ही लाल हो गई थी। १८ कोडाकोडी-सागर से कोई चक्रवर्ती यहाँ आया नहीं था। अतः गुहा बंद थी। इसलिये उसे विरहिणी की उपमा दी गई है। अब भरतराज रूपी पति का समागम मिलने से वह , मानों शीतल (प्रसन्न) हुई। ऐसी रूपक-उपमा यहाँ दी गई है तथा गुहा को पर-कार्य (मोक्ष) समान (सुख रूप) भी बताया है। ऐसी वह गुहा सुख ही सुख रूप थी। कवि का यहाँ यही तात्पर्य है॥५॥

२/६

उस गुहा के सम्मुख चक्र के मार्ग-दर्शन में उसके पीछे-पीछे सेना भी उसीप्रकार चल पड़ी, मानों उसके लिये वह मार्ग (ज्ञान) ही हो। नर, खेचर एवं किन्नर सभी अपना-अपना मान-अहंकार छोड़कर चक्र के चीत्कार शब्द से भयभीत हो उठे, अज्ञानी किंकर्तव्यविमूढ हो गये। भरतेश्वर के घोड़े, मत्त-गज, धीर-तेजस्वी शरीर

णरिंदेण आएसिओ ता पुरोहो मणी कागणी णं तमाणं णिरोहो ॥
समुल्लेहिया तेण चंदा दिणिंदा णिसी वासरुज्जयो संचारणिंदा ॥
पणट्ठेहिं धंते पुणो सेण थट्ठो सइच्छाइ तत्थाइँ मग्गे पयट्ठो ॥
तउंवुणिदूमीहरंते णईओ समुम्मग्ग-णिम्मग्ग-णामा णईऊ ॥
गिरिंदस्स गुहंतरे णिग्गयाऊ जं तुल्लोल डिंडींणी डुग्गयाउ ॥
सरी सिंधु णीरंग संजाइ णीऊ धरा-कंदरा गुज्झ णं णाइ-णीऊ ॥
पहेदुत्तरा तेय दिट्ठूण राऊ समुद्देसिऊ लंघणेणं उवाऊ ॥
सुचम्मेण तिं संधिउ णीर-वाहो तडे संठिऊ सामिओ चक्कणाहो ॥
खणे लंघिऊणं गऊ भू-पएसं गुहागब्भ-जम्मेण संजाउ तोसं ॥

घत्ता- *ता तूर असंखइ ढल्ल सुसंखइ बहु णिसाण-गण बज्जियइँ।*
हय-गय-वरसंदणा अखिलमद्दणा कय कलयल भड गज्जियइँ॥६ ॥

वाले शूरवीर क्रम से वेग सहित, गर्जना करते हुए और रथांग-चक्र के अनुसार मार्ग से गुहा में प्रविष्ट हुए। परन्तु वह गुहा अंधकार-समूह से व्याप्त थी। अतः मार्ग नहीं सूझता था। तब भरत-नरेन्द्र ने पुरोहित को आदेश दिया कि कांकणी-मणि-रत्न से इस गुहा के तम का नाश करो। उस पुरोहित ने भी उस गुहा में कांकणी-मणि से चंद्र-सूर्य बना दिये, जिनसे रात और दिन के समान प्रकाश बने रहने से मार्ग सूझने के कारण वह गुहा संचरण-योग्य हो गई, किन्तु आगे वहाँ पुनः मार्ग रुक गया। अतः गमन नष्ट हो जाने से सेना स्व-इच्छा से वहीं रुक गई।

वहाँ जल से भरी दो नदियाँ बह रही थीं। एक का नाम था समुन्मग्नजला-नदी, जिसमें कोई भी वस्तु गिरने पर ऊपर आ जाती थी और दूसरी निमग्नजला नामकी नदी थी, जिसमें कोई भी वस्तु गिर जाने पर डूब जाती थी। वे दोनों नदियाँ गुहा के मध्य में विजयार्ध-गिरीन्द्र से निकली थीं, जो कल्लोलों से चंचल-डिंडणी-फेन के समान उज्ज्वल जल वाली थीं। जो सिन्धु नदी के जल रूपी शरीर को ऐसे उत्पन्न कर रही थीं , मानों वे गुहा की भूमि में गुप्त नागिनी ही हों। आगे मार्ग न देखकर भरतराज ने उनके लाँघने का उपाय बताया। उत्तम चर्म-रत्न से जल का प्रवाह रोक दिया गया। किनारे पर स्वामी चक्रनाथ खडे हो गये और क्षण भर में उल्लंघ कर उनकी सेना भूमि में पहुँच गई। गुहा-गर्भ से जन्म होने के समान सभी को संतोष-सुख हुआ।

घत्ता- *तभी असंख्यात बाजे, संख्यात ढोल, और बहुत निशान-गण बजने लगे। घोड़े, हाथी, वर-स्यंदन(श्रेष्ठ रथ) सभी भूमि का मर्दन करने लगे तथा कलकल शब्दों से भट गर्जने लगे॥ ६ ॥*

दुवइ- *सुणि णिग्घोसरो सर भयभीडिय हुय मिच्छेस कायरा।*
अण्णोणइँ भणंति गिरवर सिलखंड छंडिया दुहायरा॥६॥

२/७

चक्री भरतेश्वर का प्रभाव-वैभव देखकर आवर्त एवं चिलात के म्लेच्छ-राजा भी भयाक्रान्त हो उठे। अतः इनके आराध्यदेव-वि ाधर-नागदेव ने उन्हें प्रणाम करने की सलाह दी-

----

ता हय खुर-दरमलिय सघण-तरु	धर विसहर वर करह वसहभरु॥
मयगल-मयजल-पसमिय रयमलु	असिवर मिलिय सुहडपय कलयलु॥
रहवर-रहिय धुरंधर मोडिय	बहुभर-भरिय चलंति ण घोरिय॥
पहय-पवण धयवड-छाइय णहु	दस-दिसि पसरण मुणिय पहा पहु॥
चलिउ सेणु बहु सत्थपरिग्गहु	सइँ णिसंकु अक्खिय भय संगहु॥
सुणि खल भलिय मिच्छ णरवर मणा	भणहिं काइँ किज्जइँ भणु इणि खणा॥
गिरि लंघंतु ण केण वि णायउ	पलय-कालु भउ मिच्छह आयउ॥
ता तहिं मंति भणंति सणाहहु	मेच्छेसहु आवत्त-चिलायहु॥
तुम्हहँ कुल-देवय विसहर वर	सुमिरंतहु आवइ णावइ घर॥

दुवइ- सेना के निर्घोष स्वर को सुनकर भयभीत म्लेच्छ-राजा कायर हो गये और परस्पर में वे कहने लगे कि इस गिरिवर ने हमारे ऊपर दुःखकारी शिलाखण्ड छोड़ा है॥ ६ ॥

२/७

तब सघन-वृक्ष घोड़ों के खुरों से दलमले गये। धरा को धारण करने वाले नागराज भी, ऊँटों और वृषभों के भार से दबने लगे। गजों के गलते हुए मदजल से रजमल दब गया। तलवार से तलवार मिलाते हुए सुभट-जन कल-कल ध्वनि करने लगे। बैलों रहित उत्तम रथ मोड दिये गए जो कि बहुत भार से भरे रहने के कारण थोड़ा भी चल नहीं पा रहे थे। पवन से प्रहत ध्वज-पटों से आकाश छा गया। दश-दिशाओं में फैलती हुई प्रभा-समूह से ही पथ को जाना जाता था।

तभी बहुत शस्त्रों को ग्रहण किये हुए स्वयं निशंक सेना-भरत के पद को ''ग्रहण करो-सेवा करो'' कहती हुई चली। उस शब्द को सुनकर दुष्ट भील, म्लेच्छ-नरेश अपने मन में कहने लगे कि अब इस क्षण हमें क्या करना चाहिये? कहो -कहो। पर्वत लाँघते हुए किसी ने भी नहीं जाना। अब हम म्लेच्छों को

एम भणंत मंतु पयडंतहँ पत्तु सेणु पुणु णियडि तुरंतहँ ॥
ता तेहि वि णियदेव वि झाइय गरलाणलए लित्त खणि आइय ॥
ते भणंति भो णिववरु मग्गहु अम्ह करहिं णिरु तुम्ह अणुग्गहु ॥
ता णिव मिच्छ भणहिं अरिसारहु उत्थरंतु तहु बहु संघारउ ॥

घत्ता- *तं णिसुणिवि णायहें विगय-पमायहें भणिय मेच्छ चक्केसुरहु।*
एवहि णउँ अम्हहँ जंपिउ तुम्हहँ काइव्वु ण पणविज्जु पहु ॥७॥

दुवइ- *अण जि मेह-देवतहिँ दुक्किय णहु-थलु-जलु-भरंतया।*
दिणयर-किरण-पसर रुंधंत पराइय तमु करंतया ॥७॥

२/८

चक्री-भरतेश्वर के ईर्ष्यालु-गण की स्थिति-

घण उद्धरिय गयणिगिरि कंदरा जलधारिणि पूरंत वसुंधरा ॥
तडि तडयरण पडण भेसियणरा घडयणंति गज्जंति विसमसरा ॥

प्रलयकाल जैसा भय ही आ गया है। आवर्त और चिलात नामके दो म्लेच्छ राजा थे। उनसे उनके मंत्री कहने लगे कि तुम्हारे कुलदेव जो बडे विद्याधर-नागकुमार है, उनका स्मरण करने से घर में कोई आपत्ति नहीं आयगी। ऐसा कहते-कहते सलाह-मंत्र प्रकट करते-करते पुनः वहाँ सेना तुरंत निकट में आ पहुँची।

तब उन म्लेच्छ राजाओं ने अपने आराध्य-विद्याधर-नागदेव का ध्यान किया। विष की ज्वाला से व्याप्त वह विद्याधर-नागदेव उसी क्षण वहाँ आ पहुँचा और उनसे आज्ञा माँगने लगा कि महाराज (म्लेच्छराज), आज्ञा प्रदान कर अनुग्रह कीजिये कि हमें क्या करना है? तब म्लेच्छराज ने उसे (नागदेव को) आदेश दिया कि इस महान् शत्रु के (भरत के) आने का मार्ग नष्ट करो तथा उसकी सेना का संहार करो।

घत्ता- *तब अप्रमादी उस विद्याधर-नागदेव ने म्लेच्छराज का कथन सुनकर कहा-हे म्लेच्छराज, हमसे ऐसा करने के लिये मत कहो और न तुम्हें ही ऐसा अनर्थ करना चाहिये। क्योंकि ये चक्रेश भरतेश्वर हैं; उन्हें जाकर प्रणाम करो॥ ७॥*

दुवइ- *और उधर, मेघकुमार देवों ने नभ में, थल में प्रचुर जल भरकर बड़ा दुष्कृत कर दिया। सूर्य की किरणों के प्रसार को रोक दिया और सभी अन्धकार में भटकने लगे॥ ७॥*

२/८

चक्री भरतेश्वर के ईर्ष्यालुओं द्वारा विविध उपसर्गों के निवारण-हेतु देवों ने मेघेश को आदेश दिया। उसी समय गगन में, गिरि में, कंदराओं में मेघ ही मेघ छा

जलु-थलु सयलु जि जलु संजायउ पंथा-पंथु ण किंपि वि णायउ॥
हरि-करि-णर-संदणइँ जलुप्परि तिरहिं जाम णउ बुड्डहिं चप्परि॥
ता मेहेसर मुहु णिवि जोयउ तिं तक्खणि किउ पहु सणमोयहु॥
चम्म-रयणु सेणहि तलि दिट्ठउ उप्परि आयवत्तु सुगरिट्ठउ॥
दो-दस जोयणं तु संकुडियउ मज्झि सयलु सेणु जि विप्फुरियउ॥
कागणि-मणिहु तेउ संजोयहु ठिउ सयलु वि जणु सुक्ख म मोयहु॥
णउँ मुणंति अरि जल-कय-वेयण णउँ तडिवडणु सिहरि सिर-भेयण॥

घत्ता- *ता भरह णरिंदिं कुवलयचंदिं वीर-पट्टु मेहेसरहु।*
सिरि-सेहरु बद्धउ अरिहु सुकुद्धउ णं केसरि पुणु करिवरहु॥८॥

दुवइ- *जे सोलहसहस्स जक्खामर चक्कहरस्स सेवया।*
दिण्णाएसु ताहँ उवसग्ग-णिवारणि ते वि देवया॥८॥

गये। जल-धारा से वसुंधरा भर गई। तड़ित (बिजली) तड़कने लगीं। उससे भेषी मनुष्य गिरने-पड़ने लगे और गिड़गिड़ाने लगे। विषम स्वर (भयंकर-ध्वनि) गूँजने लगी। घन-गर्जना जैसी गर्जना हो रही थी। जगह-जगह, स्थल-स्थल में जल ही जल भर गया था। पथिकों को मार्ग नहीं समझ में आ रहा था। घोड़े, हाथी, मनुष्य और रथ सभी जल के ऊपर तैर रहे थे। डूब नहीं पाये थे, कीचड़ में नहीं फंसे थे। तभी भरतराज ने मेघेश्वर के मुख की ओर देखा। उसने भी प्रभु का संकटमोचन किया। उसने चर्म-रत्न को सेना के तले बिछा दिया और ऊपर की ओर महान् छत्र तान दिया। उसे बारह-योजन पर्यंत विस्तृत कर दिया। उसके बीच में सकल सेना चमकने लगी। अन्धकार दूर करने के लिये भरतेश्वर ने कांकणी-रत्न द्वारा प्रकाश का संयोजन कर दिया और इसप्रकार सकल जन अमोघ सुख पूर्वक स्थित हुए। शत्रु-म्लेच्छ द्वारा की गई अखण्ड जल प्रवाह की वेदना को भी उन्होंने वेदना नहीं समझा। उसी समय वज्रपात और पर्वत-शिखरों का भेदन (चूर-चूर) होना भी रुक गया।

घत्ता- *तभी कुवलय (कुमुद) तथा भूवलय के लिये चन्द्रमा के समान भरत-नरेन्द्र ने प्रमुदित मन से मेघेश्वर को वीर-पट्ट प्रदान कर उसके सिर पर मुकुट बाँध दिया। ऐसा प्रतीत हो रहा था, मानों शत्रु रूपी कुद्ध गजवरों का सामना करने के लिये मेघेश्वर रूपी केशरी को ही तैयार कर दिया हो॥ ८॥*

दुवइ- *सोलह सहस्र (१६०००) जो यक्षदेव उन चक्रधारी भरत-नरेन्द्र की सेवा कर रहे थे (साथ ही प्रत्येक रत्न की सेवा करने वाले १००० ×१४ = १४००० देव सेवक थे। इन सभी यक्ष-देवों ने) उन्होंने मेघेश्वर को सन्देश दिया कि वह सभी प्रकार के उपसर्गों के निवारण की तैयारी करे॥ ८ ॥*

२/९

मेघेश्वर ने अभूतपूर्व पराक्रम दिखलाया तथा म्लेच्छ-राजाओं को भरतेश्वर के चरणों में नतमस्तक करा दिया। भरतेश्वर ने प्रमुदित होकर मेघेश्वर को जयपट्ट बाँधा और सिन्धु-नदी के तट पर भरतेश्वर का अधिवासन कराया-

----

आइया तें विउव्वंति पवणं वरं विविह कीलकल्लोलकय डंबरं॥
वाय-वेया-हया णट्ठ जलधारया गरुडदिट्ठीहिं तहँ णायसुकुमारया॥
मिच्छगणु णट्ठु भयतट्ठु भज्जंतहु हणइँ जउ जाम मेहुव्व गज्जंतउ॥
दीणु जंपंत सरणंतता आइया रक्ख-रक्खेति भासंति मेच्छाहिया॥
जएण दयजुत्तभावेण ते धीरिया भयहु मा भयहु इम भणिवि साहारिया॥
भरह-चरणं ति तेणेव तिं पाडिया चक्कणाहेण सुह-दिट्ठि णेहालिया॥
देवि णियतणय-मणि रयण गणु सुंदरं आण सुपडिच्छि गय मेच्छ णियमंदिरं॥
तिण्णि खंडा अखंडा कया सेवया पुण्ण पुरुसस्स पणमंति पय देवया॥

२/९

वे यक्ष-देव भी वहाँ आये और बड़ी भारी पवन की आँधी की विक्रिया करने लगे। नाना प्रकार की क्रीड़ा-कल्लोलों से डंबर (भयानकता) उत्पन्न करने लगे। वायु के समान वेग वाले घोड़े जल की धारा से नष्ट होने लगे। गरुड़-दृष्टि से भी सूक्ष्मतम दृष्टि वाले उस सुकुमार (मेघेश्वर) ने जब यह जान लिया कि (अधिकांश) म्लेच्छ राजागण नष्ट हो गये हैं और बचे-खुचे कुछ म्लेच्छ भय-त्रस्त होकर भाग गये हैं। तब मेघ के समान गरजता हुआ मेघेश्वर (जयकुमार) जब उन म्लेच्छों को मार रहा था, तभी पराजित वे (म्लेच्छ) उस मेघेश्वर की शरण में "रक्षा-करो-रक्षा-करो" के दीनवचन बोलते हुए आये। तब दयालु जयकुमार (मेघेश्वर) ने धैर्य बंधाया और कहा, "भय मत करो-भय मत करो।" यह कहकर उन्हें विश्वास दिलाया और उन्हें भरत-चक्री के श्रीचरणों में डाल दिया। चक्री राजा भरत ने शुभ-दृष्टि पूर्वक उन (म्लेच्छ-राजाओं) की ओर देखा। इसप्रकार तीन खण्डों के (म्लेच्छ) राजागण उनके (भरत के) अखण्ड-सेवक बन गये। (सच ही कहा गया है कि-) देवतागण भी पुण्य-पुरुषों के चरणों में प्रणाम करते है। वे म्लेच्छ राजागण अपने सुन्दर पुत्र-पुत्रियाँ, मणि, रत्न आदि उन्हें भेंट-स्वरूप देकर तथा आज्ञा लेकर अपने-अपने निवास-स्थलों में लौट गये। चक्री-भरतेश्वर ने भी प्रमुदित होकर-"मेघेश्वर जयवन्त रहे" कहकर उनका तन-स्पर्शकर आशीर्वाद दिया और वस्त्राभरण

जयहु मेहेसरो चक्किणा भासऊ	बहु पसाएण राएण तणु फंसिऊ॥
देवि साहरण जयपट्ट सुणिबद्धउ	णाइँ णियमेहु सुहियणहँ मणि बद्धउ॥

घत्ता- *पुणु सच्छ सुणीरहं हिमगिरि-तीरहिं सिंधुतडइँ आवासियउ।*
तहिं सरि णामंकिया देवि असंकिय भरहुराउ अहिवासियउ॥९॥

दुवइ- *तहिं हरि आसणम्मि सिरिकलसहिं ण्हाइवि कुसुमदामया।*
थुइहिं थुणेवि रयणहारावलि ढोइय चित्त-कामया॥९॥

२/१०

विविध उपसर्गों पर विजय करते हुए चक्री-भरतेश्वर वृषभ-गिरीन्द्र पर पहुँचे। वहाँ पराक्रमी राजाओं के असंख्य नामोल्लेखों के कारण स्थानाभाव से भरत का नामांकन अन्य किसी राजा का नाम मिटाकर किया गया-

----

सुपसंसिवि गय पुणु बलु चल्लिउ	गिरि-हिमवंतहु णियडउ मेल्लिउ॥
तहु पहु हिमकुमारु सुर छज्जइ	अणिमाइहि रिद्धिहि बलि गज्जइ॥

प्रदान कर उसीप्रकार जय-पट्ट बाँधकर प्रसन्न किया, जैसे कि साधक-जनों का मन व्रत-नियमों से बाँधकर प्रसन्न कर दिया जाता है।

घत्ता- *पुनः स्वच्छ नीर वाले सिन्धु नदी के तट पर हिम-गिरि के किनारे उन भरतराज ने सेना सहित आवास किया (डेरा डाला)। यह देखकर सिन्धु-नदी नाम से नामित सिन्धु नामकी देवी ने शंका रहित होकर उन भरतराज का अधिवासन कराया॥ ९ ॥*

(उक्त अधिवासन शब्द एक पारिभाषिक शब्द है, जिसका तात्पर्य होता है- सिंहासन में श्री-कलशों द्वारा अभिषेक कराकर पुष्पमालाओं से विभूषितकर विविध प्रकार से स्तुतियाँ कर तथा रत्नमालाओं से अलंकृत कर विजेता को प्रमुदित कर देना। यथा-)

दुवइ- *वहाँ सिंहासन पर श्री-कलशों से स्नान कराकर, पुष्पमाला से विभूषित कर विविध प्रकार से स्तुतियाँ (प्रशस्तिगान) कर, रत्नमालाओं द्वारा (विजेता का) चित्त प्रसन्न कर दिया॥९॥*

२/१०

वह सिन्धु देवी भरतेश्वर की प्रशंसा कर और हिम-गिरि की निकट सेना को छोड़कर आगे चल पड़ी। उस मार्ग में हिमवन्त कुमार नामका देव रहता था,

सो आगउ पउ थुइहिं पसंसिउ तित्थंकर-सुउ भणिवि णमंसिउ॥
चारु चमर रयणावलि-हारहिं पुज्जिउ णिउ हिमवंतकुमारहिं॥
चलिउ सेणु पुणु तियस-दिसासहिं सुर णमंतु बहु हासविलासहिं॥
हिमगिरि णियडु णाइँ हर-वाहणु तिक्खसिंगु सुरसरि-जलगाहणु॥
वसह-गिरिंदु दिट्ठु अइणिम्मलु णं जसपुंजु णरिंद पविमलु॥
बहुणामंकिउ णं सरि सायरु तेय-तिमिरहरु णाइँ दिवायरु॥
तहु आसंधिवि चहुँ दिसि णियबलु मिल्लिउ पर-बल हणणें कय छलु॥
गिरि अवलोयणत्थु गउ राणउ पेक्खिवि गय णिव णाम अमाणउ॥
माणु महफ्फडु छंडिय अज्जउ भणिउं पुरोहउ कय णिय कज्जउ॥
णामक्खरइँ कासु भण एयइँ तेणुत्तउ गयभरहँ णरवइ॥

जो अणिमादिक ऋद्धियों के बल पर गर्जता रहता था। वह देव भी उनके चरणों की शरण में आ गया, उनकी स्तुति कर प्रशंसा की और भरतेश्वर को तीर्थंकर ऋषभ का पुत्र कहकर नमस्कार किया। उस हिमवन्तकुमार देव ने सुन्दर चामर, रत्नावलि और हारों से भरतेश्वर की पूजा(सत्कार) की।

पुनः भरतेश्वर की सेना वहाँ से पूर्व-दिशा की ओर चली, जहाँ देवताओं ने हास-विलास पूर्वक उन्हें नमस्कार किया था। हिमगिरि के निकट इन्द्र के समान बड़ी शिखर से घिरी हुई गंगा नदी के जल में भरत ने अवगाहन किया। वहीं पर अतिनिर्मल वृषभ-गिरीन्द्र को देखा, मानों वह वृषभाचल भरतराज का निर्मल यशपुंज ही हो। वह मानों नदियों के प्रवेश करने का बहुध्वनि से युक्त समुद्र ही हो।

वह वृषभाचल अगणित चक्रवर्ती राजाओं के नामों से अंकित था। वह वृषभाचल सूर्य के समान तिमिर को हरता है। वहाँ उन्होंने चारों दिशाओं में अपनी सेना को ठहराकर छोड़ दिया और रण-कौशल से पर (शत्रु) सेना-हनन करने में लग गये। तत्पश्चात् वे निरहंकारी भरतेश्वर उस वृषभाचल के अवलोकनार्थ गये। वहाँ उन्होंने भूतकाल के राजाओं के अनगिनत नामों को लिखा हुआ देखा। तब उन आर्य ने अपने मानरूपी विशाल पर्वत को ढहा (गिरा) दिया। अपना कार्य करके पुरोहित से उन्होंने पूछा कि- बताइये ये नामाक्षर किन-किनके लिखे हुए हैं? तब पुरोहित ने अपने उत्तर में कहा-"ये सभी नाम भरतक्षेत्र के भूतकाल के चक्रवर्ती राजाओं के हैं। यह देखकर वह भरतेश्वर वैराग्य-गुण से भर उठा और श्री ऋषभदेव के चरण-युगल का स्मरण कर सोचने लगे कि हाय-हाय, मेरे जैसे राजा इस भूमि पर अनंत हो गये हैं। कौन इनका प्रमाण जाने? जब भरतराज ने अपना नाम लिखने के लिये थोड़ा भी

ता णिव्वेय-गुणें पहु भरियउ रिसहणाह-पयजुउ संभरियउ॥
हा-हा महु जेहा महि राणा गय अणंत को मुणइँ पमाणा॥
णक्खहु ठाउ ण जहिं पेक्खिज्जइ णिय णामु जि तहिं केत्थु मिसिज्जइ॥
तहँ वि मंतिवयणें अण्णहु कहु उत्तारिवि संणिहियउ णिय लहु॥

घत्ता- *जो भरहहु भत्तउ पयकयरत्तउ सो णरवइ बहु सुक्खघरु।*
जो णवइ ण महु णरु अमुणिय असिडरु सो आसंघइ दुक्खघरु॥१०॥

दुवइ- *एम भणंतु णविउ णियरायहिं सुर-खयरहिं पसंसिउ।*
पंचछरिहिं भरिवि महिमंडलु पुणु-पुणु पहु णमंसिउ॥ १०॥

२/११

चक्री-भरतेश्वर सर्वत्र विजय-पताका फहराते हुए गुफाद्वार पर सदल-बल विश्राम करने लगे-

----

परिअंचिवि ता सो धरणिधरु संचलिउ सबलु पर धरणिधरु॥
गिरिसिहरावडण सरीहिं तलि बलु णीहरेवि णिद्दलिय खलि॥

स्थान खाली नहीं देखा, तब वहाँ किसी का नाम मिटाकर ही अपना नाम लिखा जा सकता था। ऐसी मन्त्री की सलाह से अन्य किसी चक्रवर्ती राजा का नाम मिटाकर उन भरतेश्वर ने उस स्थान पर अपना नाम तत्काल लिख दिया।

घत्ता- भरत ने तत्काल यह घोषणा करा दी कि जो भरत-भक्त होगा। भरत के चरण-कमलों में आसक्त (रक्त) होगा। वह नरपति बहुत सुख का घर बनेगा और जो राजा मुझे (भरत को) नमस्कार नहीं करेगा, मेरी तलवार के डर को नहीं जानेगा, वह दुःखों के घर में प्रवेश करेगा॥ १० ॥

दुवइ- ऐसा सुनकर अनेक राजाओं ने उन्हें नमस्कार किया, सुर-विद्याधरों ने उनकी प्रशंसा की और उन सभी ने मिलकर इस महि-मण्डल को पंचाक्षरों वाले णमोकार-मन्त्र (के उद्घोष-) से भरकर पुनः पुनः उन प्रभु को नमस्कार किया॥१०॥

२/११

तत्पश्चात् वे पृथिवीपति भरत उस पर्वत की पूजा-प्रदक्षिणा कर सेना-सहित दूसरी पर्वत-श्रेणी की ओर चल दिये। हिमवान्-पर्वत के शिखर से गिरने वाली नदी के तले (तल भाग में) खल (शत्रुओं) का दलन कर वे (भरत) प्रभु अपनी सेना की ओर देखकर इन्द्र-दिशा (पूर्व) की ओर चले और हिम-गिरि के एक गहन-वन में प्रविष्ट हुए। वहाँ वे सानन्द-चित्त और निःशंकमति थे। दिन-प्रतिदिन चलते-चलते

सुरणाह-दिसा पहु संकमइ हिमगिरिकडणंतरि चक्कमइ॥
साणंद-चित्तु णिस्संकमई दिणि-दिणि चलंतु वसुहा कमई॥
अणु दिणु सरंतु रिसहहु कमई चक्काणु मग्ग लग्गउ कमइ॥
मंदाइणि पुलिणहिं थियउ बलु सीयल णिम्मल पीयंतु जलु॥
ता गंगादेवि समागईया बहुमंगलदव्वइँ संगहिया॥
जहँ सिंधुदेवि किउ णिव ण्हवणु तहिं ताइ मि विहियउ वच्छ वणु॥
जय कारिवि आहरणइँ सयला देप्पिणु भरहेसउ राय विमला॥
पहु विजयालंकिउ चलिउ बलु सुरसरि तडि कंपिय भूमियलु॥
गउ वेयड्ढहु आसण्णु तहिं पुव्वासइ दरिहें दुवारु जहिं॥
आवासिवि थक्कु सुसिणकिहा णउ लग्गइ गुह वज्जग्गि जिहा॥
ता भरहें भणिउं बलाहिवइ पुव्वुत्ताहियारहु करहि मइ॥
पुव्वंत णिवासिय मिच्छ-अरि जे केवि अत्थि तेसु वस करि॥
आइज्जहिं एत्थु जि रहमि हउँ मह दुग्गमु पेसणु तउ कहिउँ॥

वसुधा पर आक्रमण करते जा रहे थे। प्रतिदिन चलते-चलते भी श्री ऋषभदेव के चरणों में ही उनकी मति थी। चक्र जिस-जिस मार्ग में जाता था, उसी-उसी मार्ग में वे भरत अपने चरण बढाने लगे। मंदाकिनी गंगा के रेतीले मैदान में सेना को ठहरा दिया। वहाँ सभी ने शीतल-निर्मल जल पिया। तभी वहाँ अनेक मंगल-द्रव्यों को हाथ में लेकर गंगा देवी आ गई। जिसप्रकार सिंधु-देवी ने भरत-राज को स्नान कराया था, उसीप्रकार उस गंगा-देवी ने भी उनका उवटन-स्नान कराया और उत्सव मनाया। पुन: जय-जयकार करके उस निर्मल गंगा-देवी ने भरतेश-राज को विविध वस्त्राभरण प्रदान किये। विजय से अलंकृत वे भरतप्रभु गंगा के तटवर्ती भूमितल को कँपाकर अर्थात् समस्त राजाओं को जीत कर सेना-सहित आगे चले।

वहाँ वे विजयार्ध के समीप पहुँचे। वहाँ से जिसप्रकार पहले उन्होंने पूर्व-दिशा की गुहा का द्वार उघाड़ा (खोला) था, अपनी सेना को कुछ दूरी पर ठहरा दिया; जिससे कि उस गुहा की वज्राग्नि की शिखा उसे प्रभावित न कर सके।

उसीसमय भरत ने अपने सेनापति को आदेश दिया कि- जब तक यह गुहा-शीतल न हो जाय, तब तक पूर्व-दिशा के कहे गये राजाओं पर अधिकार करने का उपाय करो तथा जब तक पूर्व की ओर के निवासी समस्त शत्रु-म्लेच्छ राजाओं को अपने वश में कर वापिस लौटोंगे तब तक मैं (भरत) यहीं प्रतीक्षा करूँगा।

घत्ता- *पहुवयणसदंडें भुव बलचंडिं गुह-कवाड णिद्धाडिया।*
ते विहडिवि थक्किय जलण मुलुक्किय तहँ जहँ चिरुपडिवाडिया॥११॥

दुवइ- *जा सा सीय हूय छम्मासहिं ता सहु सेण बलवई।*
अरि पच्चंतवासि सह साहिवि आगउ जइ पयावई॥११॥

२/१२

भरतेश्वर विजय-यात्रा करते हुए तथा दुर्गम नदियों को पार करते हुए ऋषभदेव के समवसरण में उनका वन्दन-अर्चन कर अयोध्यापुरी लौटते हैं किन्तु वहाँ (अयोध्या में) उनके चक्ररत्न ने प्रवेश नहीं किया-

----

तहिं णट्टमालि णामेण सुरु आवेप्पिणु पणविउ चक्किगुरु॥
बहु चंदण कप्पूरें महिऊ जम्मावहि मिच्चत्तणु गहिउ॥
तहिं खेयर विहु-सेढिहिं णिवई जे के वियपर तहिं पुहइवई॥
ते सयलवि आण पडिच्छ हुया अणु दिणु सेवहि तहु चरणजुया॥
पुणु दरिविवरि तरि चक्किबलु हरि करि भडसंदण गई चवलु॥

घत्ता- *प्रभु भरत के ऐसे महादुर्गम आदेश को सुनकर सेनापति ने दंड सहित भुजबल के जोर से गुहा के कपाट उघाड़ (खोल) दिये। किवाड़ खुलने पर वे लौट पड़े। वहाँ वह अग्नि जलने लगी, जो चिरकाल से रुकी हुई थी॥ ११ ॥*

दुवइ- *जब तक छह महीनों में वह शीतल होगी, तब तक सेना को लेकर सेनापति निकट के वासी समस्त शत्रुओं को साधकर वापिस वहाँ आ गया, जहाँ कि प्रजापति भरत विराजमान थे।। ११ ॥*

२/१२

वहाँ (विजयार्ध पर्वत-गुहा के पास) नृत्यमाल नामका एक देव रहता था। उसने आकर उन चक्रवर्ती महान् भरत को प्रणाम किया तथा चंदन-कपूर से पूजा की और जन्म-पर्यन्त के लिये उनका सेवकपना स्वीकार किया। वहाँ दोनों श्रेणी के राजा विद्याधर थे और भी जो कोई भी वहाँ अन्य राजा थे, वे सभी आज्ञाकारी बनकर उनसे आज्ञा मांगते हुए तथा उन भरत के चरण-युगल की सेवा करने लगे। पुन: गुहा के विवर (छिद्र) के तले चक्रवर्ती (भरत) की वेगगति वाले, घोड़ा, हाथी, सुभट-रथों वाली सेना आगे बढी। वह चक्र प्रवेश करता हुआ उसीप्रकार निर्विघ्न रूप से जा रहा था जिसप्रकार कुपुरुष के मन में उद्धरण (कथन) विफल हो जाता है। गुहा की नदियों को लांघकर वह सेना उसीप्रकार निकली, जिसप्रकार निर्मोही जीव दुर्गति को त्यागकर निकल जाता है। सभी लोगों के मन में जो संशय था सो वह उसीप्रकार दूर हो गया,

सहुचक्क वि संतु ण माइ किहँ कुपुरिसमणि विहलुद्धरणु जिहँ॥
दरिसरि लंघिवि णीसरिय तहा दुग्गइ चएविं णम्मोहु जिहा॥
मणि संसउ लोयहु फिट्टियउ रविदंसणि तमुव विहट्टियउ॥
जहँ रिसहहु संठिउ समसरणु कइलासहिं वंदिवि जिणचरणु॥
उज्झाउरि पत्तउ जाम पहु पुरि चक्कु ण पइसइ ताम लहु॥

घत्ता– *ता मंतिहु राणहु णीइ समाणहु पुच्छइ कारणु काइ इहु।*
जें चक्कु ण पइसइ ता सो भासइ णिसुणि तं पि भो भरहपहु॥१२॥

दुवइ– *तुव भायर जि अत्थि भरहाहिव अट्ठाणवइ दुद्धर।*
ते णउ तुव णमंति मणगव्विय णिवसहिं णिरु समच्छर॥१२॥

२/१३

भरतेश का मतिवन्त दूत काश्मीर देश के पोदनपुर तथा तिलकनगर पहुँचा। कुमारों ने उससे चक्री-भरतेश का कुशल-वृत्तान्त पूछा-

----

अण्णु जि अत्थि जगत्तयसारउ दयवल्ली विलासकंतारउ॥
देवि सुणंदा-वइयहिं णंदणु विबुहहिं सेविउ णं सक्कंदणु॥

जिसप्रकार सूर्य के दर्शन से तम का नाश हो जाता है।

जहाँ श्री ऋषभदेव भगवान् का समवसरण था वहाँ (कैलाश-गिरि पर) जाकर उन भरतेश्वर ने उनके चरणों के दर्शन किये। तत्पश्चात् जब वे प्रभु भरतलौट कर अयोध्यापुरी को प्राप्त हुए, तब उस अयोध्यापुरी में उस चक्र ने तत्काल प्रवेश नहीं किया।

घत्ता– *तब न्याय-नीति का सम्मान करनेवाले राजा भरत ने अपने मंत्रियों से पूछा कि अयोध्यापुरी में चक्र के प्रवेश नहीं करने का क्या कारण है? तब मन्त्री ने प्रत्युत्तर में कहा कि हे प्रभु, उसका कारण सुनिये-॥ १२॥*

दुवइ– *हे भरताधिप भरत, तुम्हारे दुर्द्धर ९८ भ्राता हैं, जो तुम्हारी आज्ञा को नहीं मानते। वे अपने मन से बड़े अहंकारी हैं तथा मत्सर-द्वेष युक्त हैं। उस कारण वे तुम्हें नमस्कार नहीं करते॥ १२॥*

ध्यातव्य– *ऋषभदेव के १०० पुत्रों में से एक पुत्र वृषभसेन मुनि होकर गणधर हो गये थे तथा एक भरत, ये दो कम करने से ९८ भाई एक माता से उत्पन्न थे॥१२॥*

२/१३

तथा एक अन्य भाई (बाहुबलि) भी हैं जो जगत्त्रय में सार-प्रधान हैं। दयावल्ली रूपी पत्नी के साथ विलास के लिये पति के समान हैं। वे देवी सुनन्दावती के पुत्र

गंभीरिमउ उवहि सिरि-पुण्णउँ मयरकेउ अप्पिवि करु चिण्हउँ॥
भुवणत्तय अमरासुर संकिय जसु-वाणेहि देवगण कंपिय॥
धणु-सयपंच सवाय सउण्णउँ पढमउँ कामयेउ जो विण्णउँ॥
सो बाहुबलि-कुमरु जयसारी केरण्ण मणइ देव तुम्हारी॥
ता भरहेसें भणिउ पडुत्तरु को भुव तरइ जलहि जलदुत्तरु॥
जमहु जमत्तणु को उच्छालइ को वइसाणर तेएँ जालइ॥
इय पभणंतु अणिट्ठु दुपेच्छउ चित्ताभाणइ बहु महु पेच्छिउ॥
सो उट्ठिउ पहु मणु उवलक्खिउ पय पणमंतहु पहु ण अक्खिउ॥
कासमीर-देसहिं सुहयारउ पोयणपुर णामें जयसारउ॥
णिउ आएसें गउ मइवंतउ पढमउ तिलय-णयरि संपत्तउ॥

घत्ता- *पडिहारें सो पुणु पेसिउ बहुगुण तें तहिं दिट्ठु अणंत बलु।*
सिरमउडु णिहिवि महि णविउ कुमरुतहिं पुणु णिसणु हूउ जि विमलु ॥१३ ॥

हैं। जिसप्रकार शक्र की सेवा देवगण करते हैं, उसीप्रकार उनकी सेवा विद्वद्गण करते हैं। वे समुद्र के समान गंभीर मतिवाले तथा श्री समृद्धि से पूर्ण हैं। जो साक्षात् कामदेव के समान हैं और जिनके अपने-हाथ मकर एवं केतु से चिह्नित है। उससे तीनों-लोकों के जीव, देव, असुर सभी शंकित रहते हैं। जिसके बाणों से देवगण भी काँपते हैं। हे देव, जो सवा पाँच सौ धनुष ऊँचे हैं और प्रथम कामदेव के नाम से वर्णित वे जगत् में सार बाहुबलि कुमार भी तुम्हारी आज्ञा को नहीं मानते।

तब भरतेश ने प्रत्युत्तर में कहा कि इस भूमि पर ऐसा कौन है, जो दुस्तर जल वाले समुद्र को तैर जाय? तथा ऐसा कौन है, जो यम के यमपने को उछाल दे? (यम के मारने से बच जाय) तथा इस भूमि पर ऐसा कौन है जो अपने तेज से अग्नि को भी जला दे? ऐसा कहते हुए भी दुष्प्रेक्ष्य (नहीं देखने योग्य) अनेक अनिष्ट उन भरतेश्वर ने देखे और कहा मेरे मन में ऐसे-ऐसे अनेक अनिष्टकारी चित्रों का आभास हो रहा है। यह सुनकर उनका मंत्री उठा, उसने प्रभु भरत के मन को परखा उनके चरणों में प्रणाम किया, परन्तु प्रभु भरत कुछ नहीं बोले। तभी मतिवन्त नामका एक दूत उन नृप (भरत) के आदेश से सुखकारी काश्मीर-देश के विजयों में सारभूत विख्यात पोदनपुर में गया। सर्वप्रथम वह तिलकनगर आया-

घत्ता- *द्वारपाल ने उसे (दूत को) भीतर भेज दिया। उस दूत ने वहाँ अनंतबल वाले अनेकगुण-सम्पन्न कुमारों को देखा। सिर के मुकुट को पृथिवी पर रखकर उसने उन कुमारों को नमस्कार किया। फिर विमल चित्त वह दूत बैठ गया॥१३॥*

दुवइ- भायहु दूउ मुणिवि सम्माणिउ सुहवयणेण पोसिऊ।
पुण कुमारेहिं कुसल भरहेंसहु पुच्छिवि मंति तोसिऊ॥१३॥

२/१४

वार्त्ताहर (दूत) ने कुमारों को चक्री-भरतेश का प्रभावक शब्दों में परिचय देकर उन्हें प्रमुदित कर दिया। साथ ही उन्हें संसार की असारता की भी चर्चा कर दी-

----

ता भणइ वउहरु वयणु मणोहरु कुसलु खेउ सव्वहु जणहु॥
महु वयण-रसायणु णय-गुण-भायणु जं हउँ जंपमि तं सुणहु॥
सो भाइ गरिट्ठउ तुम्हहँ जेट्ठउ णीइ-मग्गु विज्जा-कुसलु॥
छक्खंड वि जिं धर संसाहिय वर खयरामर संसियउ बलु॥
तहु पय-पणवंतहु सेव कुणंतहु सुहु होसइ तुम्हहँ॥
अक्खउ बंधवगण मित्तहँ पुत्त-कलत्तहँ॥
पयजण वियलिय सल्लभउ अहवा अवगणहु सेव ण मणहु॥

दुवइ- *भाई का दूत जानकर कुमारों के द्वारा उसका बहुत सम्मान किया गया तथा सुख-वचनों से प्रसन्न किया गया। पुनः उन्होंने भरतेश की कुशल पूछकर वस्त्राभूषणों के दान से उसे सन्तुष्ट किया॥ १३ ॥*

२/१४

तब वचनों से मनोहर उस वचोहर (दूत) ने सभी जनों की कुशल-क्षेम कही कि -मेरे वचन रसायन के समान हैं, न्याय-रूपी नीति-गुणों से भरे पात्र के समान हैं। अतः जो मैं कहता हूँ, उसे आप सुनिये- वह भाई भरत बड़ा महान् है। तुम सभी में ज्येष्ठ है। नीति-मार्ग-और विद्या में कुशल है। छः खण्ड राज्य का विजेता है। बड़े-बड़े सभी राजाओं को वश में कर लिया है। विद्याधर और देवों ने जिनकी सेना की प्रशंसा की है। उसी भरत के चरण-कमलों को प्रणाम करो और सेवा करो (उनकी आज्ञा मानों) इससे तुम सभी को सुख मिलेगा। मेरे इस कथन को अपने भाईयों, उनके मित्रों और पुत्र-कलत्रों से भी कहिये। शल्य-भय से रहित प्रजाजनों से भी कहिये कि यदि उनका तिरस्कार करते हो, उनकी सेवा-आज्ञा को नहीं मानते हो और अपनी जवानी में रण को चाहो , तो देखो उस भरत के सम्मुख शक्र (इन्द्र) भी समर्थ नहीं हैं। वह भी उनके सम्मुख पराड्मुख हो जाता है, पीछे हट जाता है, तो अन्य कौन सामान्य पुरुष भरत का सामना कर सकता है? अतः अपने भुजबल से भरत के चरणों की सेवा करो (आज्ञा मानो)। उनका सम्मान करो और अपनी

जोव्वण मय वंछेहु रणु तहु होइ ण सम्मुहु सक्कु परम्मुहु ॥
अणु कवणु सामण्ण तहु पयसेवादाणें कयसम्माणें भुववलउ॥

णिवसिरि भुंजिज्जइ जसु पाविज्जइ अणु उवाउ जि णिप्फलउ॥
आवहु पुरि गच्छहु सेवसमिच्छहु करहु रज्जु संताण सहु॥
इक्कोयर संभउ कवणु पराहउ मिलि अच्छहु सम्माण सहु॥

घत्ता- *इय दूयह उत्तउ सुणिवि णिरुत्तउ विहसिवि कुमारविंदु चवइ।*
भल्लउ पडिवण्णउ णिवेण अछिण्णउ भरहहु एम जि संभवइ॥१४॥

दुवइ- *हत्थंजलि जलुव्व चल आउसु वियलइ खणु ण थक्कए।*
बंधव-पुत्त सयण पेच्छंतहु जमराणउ पढुक्कए॥१४॥

२/१५

वार्त्ताहर के कथन से वे कुमार प्रभावित होकर अपने द्वारा शासित समस्त साम्राज्य भरतेश को देने के लिये तैयार होकर स्वयं मुनि-दीक्षा लेने के लिये तैयार हो जाते हैं-

----

ण तिप्पइ संपयवंतु धणेहिं ण तिप्पइ राउ सुभिच्चजणेहिं॥
ण तिप्पइ साहु परोउवयार ण तिप्पइ कामिउ कामवियार॥

राज्य-लक्ष्मी को भोगो, यशः कीर्ति को प्राप्त करो। अन्य सब उपाय , तो निष्फल हो जायेंगे। अतः आओ-आओ और अयोध्यापुरी को चलो। अपनी सेवा समर्पित करो और उनसे आज्ञा माँगो तथा अपनी समस्त संतान के साथ आनंद से राज्य करो। आप सब एक ही माता के पेट से पैदा हुये हैं। अतः बड़े भाई की सेवा करने में कौन सा पराभव (अपमान) है? सभी मिल कर चलो और सम्मान प्राप्त करो।

घत्ता- *इसप्रकार दूत के कहे गये वचनों को अच्छी-तरह सुनकर, हँसकर उन कुमारों ने कहा कि हे दूत, आपने भला बताया। नृप भरत ने जो कुछ कहा, आपने उसे अछिन्न रूप में हमें बतला दिया है। भरतेश्वर के लिये यही सब सम्भव भी है॥१४॥*

दुवइ- *हस्त की अंजलि का जल एक-एक बूँद कर जिसप्रकार गिर जाता है (ठहरता नहीं), ठीक उसीतरह आयु भी चंचल है, क्षण-क्षण कर वह पूरी हो जाती है, वह स्थिर नहीं हैं। बंधु, पुत्र एवं स्वजनों के देखते ही देखते यमराज उसे उठाकर ले जाता है॥ १४ ॥*

२/१५

संपत्तिवान्-धनी धन से तृप्त नहीं होते। राजा अपने उत्तम भृत्यजनों से तृप्त नहीं होते। साधु-जन परोपकार करने से तृप्त नहीं होते। कामीजन काम के विकार

ण तिप्पइ सिंधु तरंगिणि णीरि　　ण तिप्पइ कालु गसंतु सरीरि॥
ण तिप्पइ इंधण-वग्ग हुयासु　　ण तिप्पइ रायउ भोउ-विलासु॥
ण तिप्पइ दुट्ठु अणिट्ठु चवंतु　　ण तिप्पइ दच्छु गुणोह गहंतु॥
णरिंदु ण तिप्पइ चक्क अणेउ　　महारउ देसु समीहइ दूउ॥
जु तायहि सासणु दिण्णु णिबद्धु　　सुभुंजहि कासु ण णावहि कंधु॥
भणेप्पिणु एम हसंति पसत्थ　　णं णीर विरोलइ चीकण हत्थ॥

घत्ता- *ले लेउ वसुंधरा सयलसुहंकरा भरहेसरु अम्हहँ तणिया।*
अम्हहिँ भवतारी तिजयपियारी दिक्ख होउ णिरु पावणिया॥१५॥

दुवइ- *जो चिरु पत्थिऊसि सो एव्वहँ पत्थहँ दूय गयमलो।*
तहु पयजुयलु णमंसह णियमें अणु ण कहु वि णिम्मलो॥१५॥

रूप विचारों से तृप्त नहीं होते। समुद्र नदी के जल से तृप्त नहीं होता, काल शरीर को ग्रसता हुआ तृप्त नहीं होता। अग्नि ईन्धन-वर्ग से तृप्त नहीं होती। राजा भोग-विलासों से तृप्त नहीं होता। दुष्ट (दुर्जन) अनिष्ट-दोषों को कहता हुआ तृप्त नहीं होता। दक्ष (सज्जन) गुण-समूह को ग्रहण करने से तृप्त नहीं होता। इसीप्रकार महाराज भरत भी अनुपम चक्र पाकर भी तृप्त नहीं हैं। वे महाराज दूसरों के देशों को चाहते हैं। हमारे पिता ने बाँधकर (बाँटकर) जो शासन हमें दिया है उसीको हम भोगते हैं। अन्य किसी को भी कंधा (सिर) नहीं झुकाते। यह कहकर वे सर्व प्रशस्त कुमार हँसने लगे। जल के बिलोने से हाथ कहीं चिकने नहीं हो जाते।

घत्ता- भरतेश्वर हमारी सकल सुखंकर भूमि (राज्य) को चाहते हैं, तो ले लें। हम तो संसार से तारने वाली, त्रिलोक के जीवों को प्यारी पवित्र दीक्षा से दीक्षित हो जायेंगे॥ १५ ॥

दुवइ- तब गतमल उन कुमारों ने उस दूत से पुनः कहा-हे दूत, हमने पहले जो प्रार्थना की थी, अब भी यही प्रार्थना करते हैं कि हम उन ऋषभदेव के चरण-युगल में नियमतः नमस्कार करेंगे, अन्य किसी के लिये नहीं। मेरा मन (इस विषय में) निर्मल और स्पष्ट है॥ १५ ॥

२/१६

वार्त्ताहर के कथन से प्रभावित सभी ९८ ऋषभपुत्र कैलाश-पर्वत पर प्रतिष्ठित समवसरण में पहुँचकर मुनि-दीक्षा लेने का संकल्प करते हैं। वापिस लौटकर वह वार्त्ताहर भरतेश्वर को इसकी सूचना दे देता है-

इय जंपेवि सयल सुहवासरि गय कइलासि दुरिय करिकेसरि॥
दिट्ठउ समवसरणु सिरिकंतउ जेण विहिउ णिक्कंतउ कंतउ॥
धम्म-तित्थु समसरण सरोवरु तिहुवण भव्व जणस्स मणोहरु॥
इंद-फणिंद-चक्कि जत्थागय पक्खालहिं भवसयकलमल रय॥
लोयालोय-पयासण केवल णाण-पवाह-णीर-विगयमल॥
कूल विसाल सीलवयकंतिहिं सुम्मण हंसावलि पंतिहिं॥
दय-पोमणि-गणि भवण-विलासें दहविह-धम्मकमलसुवियासें॥
दुसह-परीसह भंगुर-लहरिहिं विगय केण सकसायहिं णियरहिं॥
राय-दोस सेवाल-विहीणें मोह-सणिद्ध सकद्दम-खीणें॥

२/१६

ऐसा कहकर वे सभी कुमार शुभ-दिन में दुरित-गज के लिये केशरी के समान उस कैलाश पर गये। वहाँ उन्होंने अतिसुन्दर उन श्रीकांत-ऋषभ का समवसरण देखा। जिन्होंने अनिष्टकारी कार्यों से दूर रहकर (निकलकर) सुन्दर-कार्य किया है। यह समवसरण रूपी सरोवर उनका धर्म-तीर्थ है, जो त्रिभुवन के संसार-चक्र से भव्यजीवों के मन का हरण करता है। जहाँ इन्द्र, फणींद्र, चक्रवर्ती सभी आते है और सैकड़ों भवों की कल-कर्म रूप मलरज को धोते हैं, लोकालोक को प्रकाशने वाला केवलज्ञान का प्रवाह रूप जो अमल जल है, सुन्दर शील और व्रतों का विशाल किनारा है, सुमन (देव और पंड़ित) रूप हंसावलि से जो सेवित है, जो सरोवर महान् दयारूप कमल-समूह रूपी गणधरों के रहने का स्थान है, जो दशविध-धर्मरूपी कमलों का विकासरूप है और जो दुःसह-परीषहों की नाशवान् लहरों से रहित है। उसके निकट कोई कषायवान् नहीं होता (अथवा समवसरण रूपी वह पवित्र सरोवर के निकट केन-बेंत की लकड़ी और कुशा-घास आदि नहीं होती।)

जो राग-द्वेष रूपी शैवाल से विहीन तथा मोहरूपी चिकनी कर्दम से क्षीण अर्थात् रहित है, जो आत्म-स्वभाव रूपी महाद्रह (कुंड़ों) का स्थान है, जो विविध

अप्प-सहाव महादह-णिलएँ विविह वियप्प-रेणु कयविलएँ॥
जिणवर-पुंडरीय गिर-कोमल तहिँ कुमार रसरत्ता-अलिउल॥

घत्ता- *ते पणविवि देवहु गयभवलेवहु दिक्कखइ अट्ठाणवइ तहिं।*
दूअ विगयमाणउं चित्ति मलाणउँ गयहु पणविउ भरउ जहिं॥१६॥

दुवइ- *पणविवि तेण भणिउ भो महिवइ तुव बंधण गणायरा।*
रिसहहु णविवि हुया रिसिपुंगम तुम्हहँ देवि णरुधरा॥१६॥

२/१७

भरतेश्वर ने उसी वार्त्ताहर को पोदनपुर भेजा। वहाँ के सिंहद्वार पर रुककर द्वारपाल के द्वारा राजभवन में बाहुबलि के पास सूचना भिजवा दी-

----

ता वयणि करुदिण्णु णिउ सोयरस भिण्णु॥
खणु एक्कु रहिऊण पुणु मंति महिऊण॥
सोय-वियलए खणु ण थक्कए
बंधव-पुत्त-सयण पेछंतहँ .... ॥
पोयणपुरे सिग्घु पेसियउ णं विग्घु॥

विकल्प रूपी रेणु-रज से रहित अर्थात् विकल्प रज का विलय करने वाला है, जिनवर के मुखकमल की कोमल सुगंधमय वाणी खिरती है। उसके रस पर रस-लोलुपी भ्रमर-कुल के समान कुमार अनुरागी हुए।

घत्ता- *वे सभी ९८ कुमार भव के लेपरागरहित उन ऋषभदेव को प्रणाम कर जब वहीं दीक्षित हो गये तभी वह दूत मानरहित, चित्त में म्लान-उदास होकर वहाँ गया, जहाँ भरतेश्वर स्थित थे॥ १६ ॥*

दुवइ- *उस दूत ने उन्हें (भरतेश्वर को) प्रणाम कर कहा-हे राजन्, तुम्हारे बाँधव-गण श्री ऋषभदेव को प्रणामकर तुम्हें समस्त श्रेष्ठ धरा देकर ऋषिपुंगव हो गये हैं॥ १६ ॥*

२/१७

वार्ताहर का कथन सुनकर भरतेश्वर ने अपने माथे पर हाथ देकर अपने शोक को दूर किया। पुनः एक क्षण ठहरकर भरत ने अपने मन्त्री से मन्त्रणा की। शोक से विकल वे भरत एक क्षण भी शान्त नहीं रह सके। क्योंकि उनके बाँधव, पुत्र, स्वजन देखते ही देखते दीक्षित हो गये। अनंतर उन्होंने उस दूत को शीघ्र ही पोदनपुर भेजा, मानों विघ्न ही टाल दिया हो। जिसप्रकार अहितकारी शत्रु का सामना करने के लिये

सो चलिउ जस अहिउ चउरंग बल सहिउ॥
मणि जडिय मंडलइँ कण्णेहिं कुंडलइँ॥
उववीउ उरि ठियहु मणिहार-मंडियउ॥
समवयस धीरेहिं गच्छइ सुवीरेहिं॥
लीलाइँ विरयंतु बहुदियहिं संपत्तु॥
जहिं धवल उत्तुंग णहि लग्गगिह-सिंग॥
मणि कणयल सोहिल्ल जणचित्तमोहिल्ल॥
पेच्छंतु पुरु सव्व गउ राय हरि भव्व॥
खंड सत्त मणमोहु धय विहिय णहरोहु॥
ठीउ सीहवारम्मि अरि माण हारम्मि॥
तहिं कणयलयहत्थु पडिहारु सपसत्थु॥
दिट्ठउ सदूएण जंपिउ विणएण॥

घत्ता- *विहविं जिउ इंदु भरहणरिंदु पत्तउ पुरि उज्झाउरिहिं।*
हउँ पेसिउँ दूउ तेण सरूउ पत्तउ इह वारंतरि॥१७॥

चतुरंगिणी-सेना भेजी जाती है, उसीप्रकार वह दूत भी सेना-सहित वहाँ के लिये चल पड़ा।

प्रस्थान करते समय उसने (दूत ने) अपने कानों में मणि-जड़ित मण्डलाकार कुण्डल धारण किये, वक्षस्थल पर उपवीत (जनेऊ) तथा मणि-मण्डित हार पहिना। इसप्रकार सुसज्जित वह (दूत) समवयस्क धीर-शूरवीरों के साथ, लीला-क्रीड़ाएँ करता हुआ जा रहा था, वह कई दिनों के बाद (पोदनपुर में जा पहुँचा), जहाँ धवल उत्तुंग गगनचुम्बी शिखरों वाले भवन बने हुए थे, जो मणि-कनकों से जटित शोभायमान थे और जन-मन के लिये मोहक थे। इन सबको देखता हुआ चलते-चलते वह भरत-दूत- पोदनपुर के उस भव्य राजभवन के समीप पहुँचा, जो जन-मन मोहक सात खंड़ (सप्तमंजिला) का बनाया गया था और जो आकाश रोधी ध्वजाओं से मण्डित था। अरि-जनों के मान को नष्ट करने वाले उसी राज-भवन के सिंह-द्वार पर भरतेश्वर का वह वचोहर (दूत) जाकर ठहरा और हाथ में सुप्रशस्त कनकलता (स्वर्णदण्ड) थामे हुए प्रतिहारी (द्वारपाल) से विनयपूर्वक बोला-

घत्ता- *जिन भरत-नरेन्द्र ने अपने वैभव से इन्द्र को भी जीत लिया है, उनके द्वारा प्रेषित सुन्दर रूप वाला मैं वचोहर (दूत) हूँ, जो यहाँ (अयोध्यापुरी से) उपस्थित होकर राजभवन के सिंहद्वार पर खड़ा हूँ- ॥ १७ ॥*

दुवइ- अक्खहि जाइ कुमारही जित्तारि तुव भाइहु वओहरो।
अच्छइ वारि जेम सो सिग्घिं बुल्लावइ गुणायरो॥१७॥

२/१८

स्वीकृति प्राप्त होते ही वार्त्ताहर राज-भवन के भीतर जाकर बाहुबलि से भेंट करता है। बाहुबलि के चमत्कारी व्यक्तित्व का वर्णन-

----

तमायण्णिऊणं लयाहत्थधारो णवेऊण विणत्तु तेण जिय मारो॥
णरेसस्स दूउ ठिओ सीहवारो पवेसेमि किं णो सहा-गेहिसारो॥
इमायण्णिऊणं कुमारो अणग्धो पयंपेइ भायस्स दूओ वि सिग्घो॥
सुआणेवि दंसावही मज्झु इच्छो सुणेऊण एवं गओ सो वि तच्छो॥
तऊ दाररक्खेण वि गत्तु चारो तुमं कोक्कए मज्झि गेहें कुमारो॥

दुवइ- अत: हे प्रतिहारी, राजभवन के भीतर जाकर (कुमार बाहुबलि को सूचना दो कि अरिजनों के विजेता तुम्हारे भाई भरत का गुणाकर वचोहर (दूत) सिंहद्वार पर खड़ा है, जिससे वे मुझे शीघ्र ही भीतर बुलवा लें॥ १७ ॥

२/१८

हाथ में कनकलता (स्वर्णदण्ड) धारी उस द्वारपाल ने उस दूत के वचन सुनकर काम-वासना को जीतनेवाले बाहुबली को नमस्कारकर सूचित किया कि -भरत-नरेश का दूत सिंहद्वार पर खड़ा है। क्या अपने सभागृह के परिसर में उसको प्रविष्ट कराऊँ? उसका कथन सुनकर अनर्घ कुमार (बाहुबलि) ने कहा कि वह हमारे भाई भरत का दूत है। अत: उसे शीघ्र ही यहाँ ले आओ और मुझसे उसकी भेंट कराओ। कुमार बाहुबलि का आदेश प्राप्तकर द्वारपाल ने लौटकर उस वचोहर (दूत) से कहा कि- कुमार बाहुबलि तुम्हें भवन के मध्य में बुला रहे हैं। द्वारपाल का संकेत पाते ही उस मेधा-निकेत (महामनीषी) दूत ने स्वेद-मुक्त (पसीना-रहित होकर शीघ्र ही सभागार में प्रवेश किया। ''राजा, समस्त भौतिक पदार्थों से सम्पन्न, समर्थ, अलंकारों से युक्त, सम्मान प्रदान कर बुधजनों को आनन्दित करने वाले, भावनाओं से पवित्र, सवर्णों के आश्रयभूत, सन्धि-नीति में कुशल, गर्वयुक्त महान्, स्वयं गम्भीर अर्थपूर्ण शब्दों के आलय (आधार), भव्य द्रव्य वाले, प्रशस्त पुण्यवान् तथा उस महाकाव्य के समान महनीय होते हैं। जो (महाकाव्य-) पद और अर्थ में समर्थ होते हैं, विविध अलंकारों से युक्त होते हैं, ज्ञानीजनों के आनन्द के कारण होते हैं, अपने मानकों से अनुशासित होते हैं, प्रशस्त वर्णों एवं स्वरों से युक्त, सन्धियों से परिपूर्ण,

समायण्णिऊ सिग्धु मेहाणिकेऊ पइट्ठो सहाणंगणे मुत्त-सेऊ॥
पयत्था समत्था अलंकार-जुत्ता बुहाणंदयारा सम्माणे पवित्ता॥
सवण्णासरा संधियारा सगव्वा सगंभीर सद्दालया भव्व दव्वा॥
महीसा महाकव्व-सारिच्छ दिट्ठा पसत्था समाणणपाणे णिविट्ठा॥
मइंदासणारूढओ पंचवाणो सियाचामरोलिहि विज्जिज्जमाणो॥
घणाडंबरा उब्भिया छत्तछाया णमंसंति पायं णवेऊण राया॥

घत्ता- *भम्मदंड वीणासर णव-रसभर भरह-वियार समत्थहिं।*
पीडिय णर णच्चहिं सुरगण-रच्चहिं सट्ठिच्चउग्गल-हच्छहिं॥१८॥

२/१९

बाहुबलि वार्त्ताहर का सम्मान कर भरतेश की कुशल-क्षेम पूछकर उनकी प्रशंसा करते हैं-

----

उवविट्ठउ मारु णियच्छियउ दूएण सचित्ति समिच्छियउ॥
इहु सो चक्कहिं अहिय बलु समरंगणि वीरहँ अतुलबलु॥
णयमग्गु पयंपमि वोहजुऊ कम वंदिवि सरस-गिराइ थुऊ॥

रस-समूह से युक्त, अर्थ-गाम्भीर्य समन्वित शब्दों के आधारभूत, भव्य द्रव्य अर्थात् नायक-नायिकाओं आदि से युक्त, प्रशस्त गुणों से युक्त असमान अनुपम नृ-पान-जीव-रक्षा में निविष्ट होते है।'' अतः नृप-राजा एवं महाकाव्य ये दोनों ही समान होते हैं।

सिंहासनारूढ़ तथा सदैव चामर पंक्तियों द्वारा वीज्यमान पंचबाण-कामदेवकुमार-बाहुबलि के ऊपर सघन मेघों के समान छत्र-छाया में सेवक-राजा गण खड़े-खड़े झुक-झुक कर नमस्कार करते रहते हैं। इसप्रकार कुमार बाहुबलि का गुण-गान कर उस दूत ने उनके सम्मुख भरत की प्रशंसा में कहा-

घत्ता- स्वर्णदण्ड वाली वीणा से निःसृत नव-रसों से परिपूर्ण मधुर स्वरों वाले जिन भरतेश्वर के विचारों को मस्तक पर धारण कर प्रमुदित नर नृत्य करने लगते हैं और देवगण अनुरक्त रहते हैं, ऐसे वे (भरतेश्वर), सभी के कण्ठ-स्वर एवं हस्त-क्रियाओं के साथ स्तुति करने योग्य हैं॥ १८ ॥

२/१९

भरतेश्वर के उस दूत ने सभागार में बैठे-बैठे अपने मन में समीक्षा की कि -ये कामदेव (बाहुबलि) भरत-चक्री से अधिक बलशाली हैं। समरांगण में उनके वीरों की

जय देव णाहिकुलकमलरवि फणि–णर–सुर–संसिय सामछवि ॥
इय थोत्तु करंतु वियाणियउ सुवियड्ढु तेण सम्माणियउ ॥
आसण–तंबोलइ णिवसणाइँ आहरणहिं पियगिरभासणाइँ ॥
पुणु पुच्छिउ दूउ पसणमणु दूरट्ठिय देस–समागमणु ॥
भरहेसें पेसिउ देव हउँ सो अहणिसु सुमरइ चित्ति तउँ ॥
छक्खंड–वसुंधर सुवसकरि संपत्तउ उज्झाउरि णियरि ॥
भरहेसु परक्कमु पंचमुहु तिं सुमरिवि बंधुविएसि महु ॥
ससणेहें सहु आएसियउ तुव उवरि सो जि णेहासियउ ॥
तं सुणिवि मयणु पुरइ णरहु भणु कुसल–रवेउ भरहेसरहु ॥
सामंत–चक्क–मउणद्धयहु चक्काहिव सेव णिबद्धयहु ॥
जलहरणादहु–करुवंसियहु तहु कुसल खेउ जस–भूसियहु ॥
णमि–विणमि सहु विज्जाहरहु तहु कुसल अत्थि जण–संकुलहु ॥

अपेक्षा भी ये अतुलबलशाली हैं।

अतः बोधयुक्त न्याय–नीति मार्ग के अनुरूप वार्तालाप कर उन (बाहुबलि के चरणों की वन्दना कर सरस वाणी में उन) की इसप्रकार स्तुति की–''नाभि–कुल–कमल के लिये रवि के समान तथा नागेन्द्र, नरेन्द्र एवं देवेन्द्रों द्वारा प्रशंसित, शान्त–छवि वाले हे देव (बाहुबलि नरेन्द्र), आपकी जय हो।'' बाहुबलि ने भी उसके स्तुति–वचनों से उस (दूत) की वाग्विदग्धता को समझ लिया और आसन देकर ताम्बूल, वस्त्राभरण देकर मधुरवाणी से उसका सम्मान किया। पुनः प्रमुदित मन से उस (दूत) से दूर देश से आने का कारण पूछा। तब उसने अपने उत्तर में कहा–''हे देव (बाहुबलि), मुझे भरतेश ने यहाँ भेजा है। वे अहर्निश आपका स्मरण करते रहते हैं। उन्होंने षट्खण्ड पृथिवी को अपने वश में कर लिया है, और अब वे अयोध्यापुरी में पधारे हैं। वे भरतेश अपने पराक्रम के लिये पंचमुख (सिंह) के समान हैं। उन्हीं (भरतेश) ने अपने विदेशी बन्धु (भाई बाहुबलि) का स्मरण कर मुझे (दूत को) यहाँ भेजा है। आपके प्रति उनका पूर्ण स्नेह है। अतः स्नेह पूर्वक मुझे यहाँ आने का आदेश दिया है।

दूत का कथन सुनकर कामदेव–बाहुबलि ने उससे कहा कि– भरतेश्वर की कुशल–क्षेम बतलाओ। सामन्त–चक्रों के मुकुटों तथा ध्वजाओं से विनत, उस चक्राधिप (भरतेश) की सेवा में निबद्ध, कुरुवंशी–यश से विभूषित जलधर (मेघ) के समान नाद–स्वर वाले उस भरतेश की कुशल–क्षेम बतलाओ। जन–समूहों से घिरे हुए नमि–विनमि तथा विद्याधरों की भी कुशल क्षेम बतलाओ। तब विकसित

सो पभणइँ वियसियमुह-कमलु　　भरहाइपमुह सव्वहँ कुसलु॥
जो भरहकेर सुरही दुहइ　　सो कुसल रवीरु णिब्भरु पियइ॥

घत्ता- *गुरुयण सेवंतहु पय पणमंतहु वट्टइ बहुसंवय विमला।*
दूरम्मि वसंते णेहु चवंतिं दुज्जणयण वियसहिं कुसला॥१९॥

२/२०

वार्ताहर बाहुबलि-कुमार को भरतेश के पराक्रमी व्यक्तित्व का पुनः कथन करता है-

----

असेउण तहय पराह समग्ग　　सहायहु जस्स सहोयर-वग्ग॥
विदेसि वसंत णिवट्टइ णेहु　　सरोय दिणिंदहु अंतरि मेहु॥
तहँ खल अंतर होइ अणिट्ठु　　सुसिद्धु सुकज्ज विणासइ दुट्ठु॥
समीहइ इंदु पडिंद समीउ　　समीहइ मोक्खु जईसु अभीउ॥
समीहइ भव्वु जिणायम-सुत्तु　　समीहइ कंचणु रयणु णिरुत्तु॥
तहँ लहु ईहइ रायकुमार　　ण किज्जइ किंपि वियारु जि सार॥

मुख-कमल वाले उस दूत ने भरतादि प्रमुखों की कुशल-क्षेम कहते हुए बतलाया कि -जो भरतेश्वर रूपी सुरभि (गाय) को दुहेगा अर्थात् भरत का आज्ञाकारी बनेगा, वही कुशल निर्भीक रहकर मधुर-क्षीर (दुग्ध) पियेगा अर्थात् सुख-भोग कर पायेगा। अन्य कोई दूसरा नहीं। क्योंकि-

घत्ता- *गुरुजनों की सेवा तथा उनके चरणों में प्रणाम करने वाले सज्जनों के पास ही प्रचुर न्याय-संगत सम्पत्ति ठहरती है और जो स्नेह-भावना का त्यागकर दूर (विदेश में) रहते हैं, ऐसे दुर्जन-जन कुशलता पूर्वक अपना विकास नहीं कर सकते॥ १९॥*

२/२०

वह दूत बाहुबलि से पुनः कहता है कि-सहोदर-वर्ग जिसके सहायक होते हैं, उसकी समग्र शत्रु भी सेवा करते हैं। विदेश में निवास करने वालों का स्नेह उसीप्रकार नष्ट हो जाता है, जिसप्रकार सरोज एवं सूर्य के मध्य में मेघ आकर उनका स्नेह नष्ट कर देता है। जिस खल (दुर्जन) के मन में अनिष्ट-भाव होता है, वह दुष्ट (दुर्जन) बने हुए सुन्दर कार्यों को भी विनष्ट कर देता है। इन्द्र भी प्रतीन्द्र का सामीप्य चाहता है। मोक्ष भी अभीत यतीशों का सामीप्य चाहता है। भव्य जिनागम सूत्रों को चाहता है। कंचन रत्न के संबंध को चाहता है। उसीप्रकार बड़े भाई (भरत) छोटे

महीयलि को घणु को जलबिंदु सु को मुणि को इह अत्थि रिसिंदु॥
तहेव तु को तुहुँ को भरहेसु अणणु पयासिउ णाम-विसेसु॥
जिणेसहि दिक्ख लयंतहि तासु महीयलु सव्वु जि देप्पिणु आसु॥
करेविणु राणउँ तासु जि हत्थि समप्पिवि तुम्हहँ सो परमत्थि॥
पगिण्हिय जाइ वणम्मि सुदिक्ख मुणेप्पिणु अप्पें अप्पु जि सिक्ख॥
सु तं जि अणुक्कमु अज्ज जि तुम्ह म छंडहु सिक्ख सुणेहु जि अम्ह॥

घत्ता- *बंधव-णेहु सुअत्थउ दंडि पडिच्छउ मरणु केर णरिंदहु।*
पहु दिणु महीयलु भुंजहु अवियलु जयसिरिवल्लीकंदहु॥२०॥

दुवइ- *तं णिसुणेवि भणहँ मयरद्धउ दूवण पइँ वियाणिउं।*
एयत्थाण मज्झि अइदुस्सुउ वयणु संग घुमाणिउ॥२०॥

भाई राजकुमार (बाहुबलि) को भी शीघ्र ही अपने समीप चाहते हैं। इसमें किसी भी प्रकार अन्यथा विचार करने की आवश्यकता नहीं।

दूत का यह कथन सुनकर बाहुबलि कुमार ने उत्तर में कहा-इस महीतल में कौन तो घना मेघ और कौन जलबिन्दु कण? कौन तो यहाँ मुनि है? और यहाँ ऋषीन्द्र आचार्य? (इसीप्रकार दूत से-) कौन हो तुम? और कौन है तुम्हारे भरतेश? तुमने एक अनन्य नाम-विशेष ही प्रकट किया है। तब उस दूत ने अपने उत्तर में कहा-जब (पिता) जिनेश्वर ऋषभदेव ने दीक्षा ग्रहण करते समय तत्काल ही महीतल का अपना समस्त साम्राज्य (ज्येष्ठ पुत्र-) भरत को सौंपकर उन परमार्थी जिनेन्द्र ने तुम्हें (बाहुबलि को) उन्हीं (भरत) के हाथों में समर्पित कर आत्म-ज्ञान से स्वात्मा को जानकर वन-गमन कर स्वयं दीक्षा धारण कर ली थी। अतः अनुक्रम से हे कुमार बाहुबलि, आप भरतेश के परवर्ती हुए। वे (भरत) ही आपके आर्य हैं। आप इस अनुक्रम को जानिये और हमारी इस शिक्षा को ग्रहण कीजिये।

घत्ता- *हे कुमार बाहुबलि, ऐसा करने से बान्धव-स्नेह भी बना रहेगा और राजा के दण्ड-रण या मरण भी न होगा। इसप्रकार जयश्री वल्ली के कंद-मूल हे प्रभु, दिन प्रतिदिन इस अविचल महीतल को भोगो॥ २० ॥*

दुवइ- *ऐसे दूत के वचन सुनकर मकरध्वज कामदेव-कुमार ने कहा कि- हे दूत, आप नहीं समझे। इन एकत्रों के मध्य में अति दुःश्रुत वचन रूपी संग (पाषाण) घुमा दिया है॥ २० ॥*

२/२१

वार्त्ताहर द्वारा भरतेश्वर की असीमित प्रशंसा सुनकर बाहुबलि उसे वैभव की निस्सारता समझाते हैं, उनके चक्रायुध को कुम्भकार के चक्के के समान क्षुद्र बतलाते हैं फिर भी, वार्त्ताहर पुनः भरतेश्वर की अपूर्वशक्ति का कथन करता है-

----

जइ जिणेण दिण्णउँ पोयणपुरु तो किं दूव भरहु मग्गइ करु॥
तायहु तणउँ वयणु अवगण्णइँ णीइ-मग्गु भुवराउ ण मण्णइ॥
अहवा वीर-वित्ति रणु मंडउ पेच्छमि भरह णराहिव खंडउ॥
गव्विउ चक्किं पुहइहिं राणउ हउँ मणंमि कुंभार समाणउ॥
हत्थिहडा किं महु सो दरिसइ मेह-पडलु किं पवणहिं णिरसइ॥
किं हयवर थट्टहिं समरट्टहिं उवहि फेण पुंजु वऊ हट्टहिं॥
किं रहवर सामंत समत्था असि झडप्पि ते कुणमि णिरत्था॥
तं णिसुणेप्पिणु भणइँ वओहरु करहु करि पणवहु चक्केसरु॥

२/२१

यदि जिनेन्द्र-पिता ने मुझे पोदनपुर का राज्य दिया है, तो हे दूत, भरतेश्वर मुझसे कर क्यों माँगते हैं। इसकारण वे तात् के वचन (आदेश) की अवमानना करते हैं और पृथिवी-पति वे (भरत) न्याय-नीति-मार्ग को भी नहीं मानते हैं अथवा, वीर-वृत्ति रूपी रण को प्रारम्भ किया जाय, उसमें भरतेश के राज का खण्डन दिखाई दे ही जायेगा। राजा भरत इसी भूमि का चक्र पाकर बहुत गर्व कर रहे हैं, किन्तु मैं तो उस चक्र को कुम्हार के चक्के के समान तुच्छ मानता हूँ। यदि उनके पास हाथियों का झुण्ड़ है, तो वह मुझे क्यों दिखाना चाहता है? मेघ-पटल क्या पवन-वेग को हटा सकता है? समर-धुरन्धर उत्तम घोड़ों के समूह समुद्री-फेन के समान हटा दिये जावेंगे। रथवर एवं सामन्त ही समर्थ क्यों न हों, मैं अपनी तलवार के झपट्टे से उन सभी को निरर्थक कर सकता हूँ।

कुमार (बाहुबलि) के इन (उत्तेजक-) वचनों को सुनकर उस वचोहर (दूत) ने कहा कि (अच्छा तो यही होगा) कि करबद्ध होकर चक्रेश्वर भरत के लिये प्रणाम करें। क्योंकि जब तक प्रभु भरत का क्रोधानल नहीं भड़क उठता, जब तक

जाम ण पहु कोहाणलु दिप्पइ		जाव ण देसु तुहारइ चप्पइ ॥
जंगम महिहर सण्णिह दारुण		जा णय एसु करंति सुवारण ॥
पोयणपुर–पायारु रवण्णउँ		जाव ण भंजिवि करहिं विहिण्णउँ ॥
सयल सुहंकरु णाण–पवट्टणु		जाव ण चक्कु विहट्टइ पट्टणु ॥

घत्ता– *जो ण णवइ भरहेसहु पढम णरेसहो सो सुह लेसु ण पावइ।*
तहु माणु विहट्टइ कहिंमि ण छुट्टइ गिरि–कंदर वण दावइ ॥२१ ॥

दुवइ– *जसु पणमंति देव–णर–दाणव–कप्पु असेस अप्पही।*
तेण समाणु कवणु बलु विक्कमु काइँ णिरत्थु कुप्पही ॥२१ ॥

२/२२

वार्त्ताहर का कथन सुनकर बाहुबलि क्रोधावेश में उत्तर देते हैं। प्रत्युत्तर में वार्त्ताहर भी भावावेश में भरकर भरतेश्वर की शक्ति का पुनः कथन करने लगता है–

तं णिसुणिवि अणंगु आहासइ		बार–बार किं भरहु पसंसइ ॥
सइँ हिं पउ–हरकेसरि केसरु		सुहडहु सरणागउ फणि–मणि सिरु॥

वे आपके इस देश पोदनपुर को नहीं चाँप लेते (अधिकार में नहीं कर लेते) जंगम महीधर (पर्वत) के समान भयंकर गजराज तक (आपके साम्राज्य में) प्रवेश नहीं कर जावें और जो पोदनपुर का सुन्दर कोट है उसे तोड़कर छिन्न–भिन्न नहीं कर दिया जाता है और समस्त प्रजा के लिये सुखकारी तथा सम्यग्ज्ञान के मार्ग के प्रवर्तक इस पट्टन (पोदनपुर) को भरतेश का चक्र विघटित नहीं कर देता; तब तक (यही उत्तम होगा) कि आप उन्हें प्रणाम कर लीजिये।

घत्ता– *जो (राजा–) प्रथम–नरेश भरतेश को प्रणाम नहीं करता, वह लेश–मात्र भी सुख प्राप्त नहीं कर सकेगा। उसका मान–मर्दन कर दिया जायगा। भले ही वह गिरि, कन्दरा–गुहा में जाकर छिप जाय, फिर भी वह छूट (बच) नहीं पायेगा ॥ २१ ॥*

दुवइ– *जिन्हें समस्त देव, नर, दानव और व्यन्तर प्रणाम कर अपनी सेवाएँ अर्पित करते हैं, उन भरतेश के समान बल, विक्रम वाला दूसरा कौन है? अतः निरर्थक क्रोध क्यों कर रहे हैं? ॥ २१ ॥*

२/२२

भरतेश्वर की प्रशंसा में उस वचोहर (दूत) का कथन सुनकर क्रोधाकुल अनंग–बाहुबलि ने अपने उत्तर में कहा–अपने भरतेश्वर की प्रशंसा बारम्बार क्यों कर

महु महि मंडल रट्ठु मणिट्ठउ करि छिप्पइ सो जमहु गरिट्ठउ॥
आवहु भरहु भुवा-बलु पेक्खमि भड कंचणु रण कसिहि परिक्खमि॥
करमि परम्मुह समरि समत्था सत्थ गाहि ते कुणमि णिरत्था॥
जइ वि सरणु अणुसरहु पुरंदरु दिग्गय-देव-सेसु-गिरि-कंदरु॥
कहिंमि ण छुट्टइ महु रणि रुट्ठिं सहु चक्कें धरणिहमि गरिट्ठिं॥
भणइ दूउ तासु जिअ विहंडलु मणुवहिं किं जिप्पइ आहंडलु॥
किं इंधणु भणु जलणहु जालइ लहुउ ससउ किं गिरिवरु चालइ॥
परमाणुउ किं णहयलु झंपइ तुह भएँ किं भरहेसरु कंपइ॥
किं इंगालु उवहि जलु सोसइ किं हिमलउ रयणायरु पोसइ॥
किं खज्जोउ सूर णित्तेयइ वज्जरवंभु किं सयदलु भेयइ॥
किं कुरंगु कंठीरउ सासइ किं तिट्ठालउ सच्चउ भासइ॥
पइँ कुमार किहँ णिहिवइ जिप्पइ तुअ अग्गइ किम भासमि संपइ॥

रहे हो? मैं स्वयं अष्टापद-पगधारी ऋषभदेव रूपी केशरी (सिंह) का केशर (बाल) हूँ, शरणागतों की सुरक्षा के लिये सुभट हूँ, फणि-शेषनाग के मस्तक का मणि हूँ। समस्त भू-मण्डल मेरे मन के लिये इष्ट मेरा राष्ट्र है। अत: जो कोई भी इसे अपने हाथ से छुएगा, वह यमराज का मधुर ग्रास बनेगा। वह भरत मेरे सम्मुख आवें , तो मैं उनके भुजबल को देख लूँगा। जिसप्रकार स्वर्ण की परीक्षा कसौटी पर की जाती हैं, उसीप्रकार उन सुभट (भरत) की परीक्षा भी रण-भूमि में हो जायेगी। उन सशक्त-सुभट को समर-भूमि में परांगमुख (पराजित) कर दूँगा। जो शस्त्रधारी हैं उन्हें नि:शस्त्र कर दूँगा। यदि वे (भरत) इन्द्र की भी शरण का अनुसरण करें अथवा यदि वे दिग्गज देव या शेषनाग (फणीन्द्र) या पर्वत-कन्दरा की भी शरण में जाकर छिप जावें , तो भी रण-भूमि में जब मैं क्रोधाकुल हो जाऊँगा, तब वे कहीं भी बच नहीं सकेंगे। वे (भरत) अपने चक्र से कितने ही महान् क्यों न हों? मुझसे बच नहीं सकेंगे।

अनंग-बाहुबलि का भड़काऊ कथन सुनकर वह वचोहर (दूत) भी उनके कथन का खण्डन करता हुआ बोला-भला, मनुष्यों के द्वारा क्या इन्द्र को जीता जा सकता है? क्या ईन्धन अग्नि को जला सकती है? लघु शशक-खरगोश क्या गिरिवर (पर्वत-श्रेष्ठ) को चला सकता है? इसी प्रकार आपके द्वारा दिखलाए गये भय से क्या भरतेश्वर काँप सकते हैं? क्या एक अंगारा (इंगालु) समुद्र को सुखा सकेगा? क्या हिम-कण (बर्फ का एक कण) रत्नाकर (समुद्र) का पोषण कर सकता है? क्या खद्योत (जुगनू) सूर्य को निस्तेज कर सकती है? शतदल-कमल वज्र-स्तम्भ

महु सत्थें उज्झाउरि गच्छहि		जइ परियारहु संति समिच्छहि ॥

घत्ता- *जहिं पवणें अगगल णिज्जहिं मयगल गोरसह वि पुणु पवरकहा।*
तहिं सुहुम सरीरहु अमण अधीरहु ससयहु केरी कवण कहा॥२२॥

दुवइ- *भो-भो मार-मार मा मुज्झहिं णिमुणाहि तासु विक्कमो।*
णिवसासण जि तासु महिरायहु पणवहि णिच्च ते कमो॥२२॥

२/२३

वार्त्ताहर का भरतेश्वर को नमस्कार करने सम्बन्धी आशय समझकर बाहुबलि पुनः कहते हैं कि मेरा मस्तक तो केवल महान् तपस्वी ऋषभदेव के चरणों में ही झुकेगा, अन्य किसी को नहीं-

----

सिरि रिसहें सपसण्णें दिण्णउं रज्जभरु		भरहु-वसुंधर साहिवि गिण्हिउ जेण करु॥
सायरमझ णिवासिउ मागहु अतुलबलु		वरतणु अण पहासें सेविउ पय-कमलु ॥

का भेदन कर सकता है? क्या मृग कण्ठीरव (सिंह) पर शासन कर सकता है? तृष्णा और लोभी-लालची नर सत्यभाषी हो सकता है? जिसप्रकार ये सभी कार्य असम्भव हैं, उसीप्रकार हे अनंग कुमार, (आप ही बतलाइये कि-) आप उन निधिपति (भरतेश्वर) को कैसे जीतेंगे? इसके आगे अब मैं और क्या कहूँ? अतः यदि अपने परिवार की सुख-शान्ति चाहते हैं, तो मेरे साथ अयोध्यापुरी चलिये-

घत्ता- *जहाँ की पवन पर्वत को भी उड़ा सकती है और जहाँ मृग-गण, गज, गो-वृषभ की बड़ी-बड़ी रोचक कथाएँ कही जाती हैं, वहाँ सूक्ष्म शरीर वाले, मन-विवेक रहित अधीर-व्याकुल शशक (खरगोश) की कथा-कथन का महत्व ही क्या? (तात्पर्य यह कि भरत से बाहुबलि की तुलना ही क्या?) ॥ २२ ॥*

दुवइ- *अतः हे कुमार बाहुबलि, उस मार (कामदेव) को मारो (दमन करो), किसी प्रकार का मोह मत करो और अपने उस भाई भरतेश्वर के पराक्रम को समझो तथा नृपों पर शासन करने वाले उस पृथिवीराज (चक्री भरतेश) के चरणों में नित्य प्रणाम करो। क्योंकि- ॥ २२ ॥*

२/२३

ऋषभदेव ने प्रसन्न मन से जिन भरतेश्वर को राज्य-भार दिया, जिन्होंने समस्त वसुन्धरा को साधकर (जीतकर) कर ग्रहण किया। सागर (समुद्र) के मध्य में रहने वाले अतुलबल-शाली मागध-देव, वरतनु-देव और प्रभास-देवों द्वारा जिनके चरण-कमल सेवित हैं। पुनः विजयार्ध-पर्वत की गुहा (गुफा) के मुख पर वज्राघात कर

पुणु वेयड्ढगुहाणणु कुलिसें ताडियउ विहाडिवि वज्ज-कवाडइँ मुहु उग्घाडियउ॥
गिरिवर मज्झि पवेसिवि चंदक्कइं लिहिवि तिमिरुविहंडिवि णिग्गउ साहिय मेच्छ भुवि॥
सिंधु महासरि साहिय मंदाइणिहिं थुउ पुणु हिमवंतकुमारें परिवारेण णुऊ॥
पुणु गउ वसहगिरिंदहि णामु लिहाइयउ छक्खंडाहिउ जायउ अमरहिं गाइयउ॥
णट्टमालि सुरसेविउ गउ वेयड्ढ-गिरि विज्जाहरि पुर वसि किउ थिउ उज्झाणयरि॥

घत्ता- *विजयजत्त फलु लुद्धउ तिजय पसिद्धउ अमरासुरहिं पसंसियउ।*
भरह सरिसु को राणउं जयसिरि माणउं खयरिंद-णरिंद णमंसियउ॥२३॥

दुवइ- *तं णिसुणेवि मयणु पडिजंपइ कालाणलुव्व कुद्धउ।*
हउँ तहु णवेमि जेण कंचणगिरि ण्हाणु सुरेहिं लद्धउ॥२३॥

उसे खोला और वज्र-कपाट को विखण्डित कर उसका मुख उघाड़ा। गिरिवर-विजयार्ध के मध्य में प्रवेश कर वहाँ चन्द्र एवं सूर्य का लेखन कर अन्धकार को नष्ट कर उस भूमि से बाहर निकले हुए (म्लेच्छ-भूमि के) म्लेच्छ राजा को वश में किया और सिन्धु महानदी पर सिन्धु-देवी को साधा (सिद्ध किया), मन्दाकिनी (गंगा नदी) पर गंगा-देवी ने स्तुति की। पुनः हिमवन्तकुमार-देव ने सपरिवार उनके लिये नमस्कार किया। तत्पश्चात् वे भरतेश्वर वृषभाचल पर गये जहाँ उन्होंने अपना नाम लिखवाया। वे षट्-खण्डाधिपति हो गये, जिस कारण देवों द्वारा यशोगान किया गया। नृत्यमाल नामके देव द्वारा सेवित वे भरतेश्वर विजयार्ध-गिरि गये, जहाँ उन्होंने विद्याधरों और दोनों श्रेणियों के नगरों को अपने वश में करके अयोध्यानगरी में स्थित हुए।

घत्ता- *तीनों लोकों में प्रसिद्ध भरतेश्वर ने अपनी विजय-यात्राओं का सुफल प्राप्तकर लिया, जिसकी देवों एवं असुरों द्वारा प्रशंसा की गई और कहा गया कि भरत के सदृश अन्य ऐसा कौन सा राजा है? जिसे जयश्री का सम्मान प्राप्त हुआ हो और जिसको विद्याधरों और राजाओं ने नमस्कार किया हो॥ २३ ॥*

दुवइ- *वचोहर (दूत) का उत्तेजक कथन सुनकर कालानल (यमराज) के समान क्रोधाग्नि से उद्दीप्त होकर मदन (कामदेव) कुमार बाहुबलि ने प्रत्युत्तर में कहा कि- मैं तो उसी को नमस्कार करता हूँ, जिसने कंचनगिरि (सुमेरु-पर्वत) पर देवों द्वारा स्नान-अभिषेक को प्राप्त किया है॥ २३ ॥*

२/२४

बाहुबलि के क्रोधाकुल वचन सुनकर वह वार्त्ताहर निरुत्तर हो गया तथा वापिस अयोध्या पुरी लौट आया और भरतेश से कहा कि बाहुबलि आपके चक्ररत्न तथा वैभव को कूड़ा समझते हैं। वे सिर झुकाने को तैयार नहीं और अब वे आपको युद्ध में चुनौती देंगे-

----

को भरहेसरु संसइ मण्णइ जो पर-दिण्णउ सासणु छिण्णइ॥
सो राणहु आवहु मुहु सम्मुहु होउ स ईसो दइवेण परम्मुहु॥
दुअ तुज्झु आवागमु वारमि सहु भरहें णिव रणि पच्चारमि॥
कि महुँ अग्गइ मंडलु मंडइ गय-घड एक्कु मइंदु विहंडइ॥
किं पवणासण मेइणि थप्पइ जहिं विणयासुउ कुद्ध झडप्पइ॥
किं गह उवरि परिट्ठिय मंदि भुवणु उज्जोयउ एक्क दिणिंदिं॥
किं बहु सायर अविरल णीरहिं जिणु ण्हवियउ खीरोवहि खीरहिं॥
जे रयणइँ तहु सिद्ध पसत्थइँ सयल कुणमि ते समरि णिरत्थइँ॥
ता संजायउ दूउ णिरुत्तरु कवणु तरइ रयणायरु दुत्तरु॥
णिग्गउ दूउ पत्त उज्झाउरि दिट्ठउ भरहु वइरि गय केसरि॥

२/२४

कुमार बाहुबलि ने पुनः कहा-उन भरतेश्वर की प्रशंसा को कौन माने, जो पिता-ऋषभदेव के द्वारा दिये गये शासन (राज्य) को भी छिन्न-भिन्न करना चाहते हैं। वे (भरतेश्वर) यदि मेरे सम्मुख आ जावें, तो दैव-योग से पराजित ही होंगे। हे दूत, तेरी अयोध्या नगरी के आवागमन के द्वार (प्रमुख प्रवेश द्वार) पर ही उन भरत-नृप को रण में पछाड़ दूँगा। मेरे आगे वह मण्डल (श्वान) क्या सुशोभित होगा? गजराजों की कितनी ही घटा (समूह) हो, उसे विखेरने के लिये अकेला एक मृगेन्द्र (सिंह) ही पर्याप्त है। जब विनयासुत क्रुद्ध होकर पवनाशन (सर्प) पर झपट्टा मारता है, तब क्या वहाँ पवनाशन (सर्प) मेदिनी (भूमि) पर ठहर सकता है? सभी ग्रहों के ऊपर मन्दचर शनैश्चर-ग्रह यदि उपस्थित भी हो जाय, तो भी क्या वह दिनेन्द्र (सूर्य) के समान भुवन को उद्योतित कर सकता है? समुद्र में अथाह जल के भण्डार से क्या लाभ? जबकि जिनेन्द्र का स्नानाभिषेक, तो क्षीरोदधि के क्षीर मात्र से ही कराया गया था। भरतेश्वर के जो सुप्रसिद्ध १४ रत्न हैं, उन सभी को तो मैं युद्धक्षेत्र में निरर्थक ही कर दूँगा। अनंग-कुमार बाहुबलि का यह रोषपूर्ण उत्तर

पुणु पुच्छइ सो तहु जयसारहु कुसलु-खेउ बाहुबलि कुमारहु॥
अच्छि कुसल पर सीसु ण णावइ धणु णावइ गुणु कोडि चडावइ॥
तुम्ह दंडु सो णिव णउ इंछइ छत्त-दंडु कप्पर ण समिच्छइ॥
माणुण्णउ मणि माणु ण छंडइ णिय भुयबल परमाणु विहंडइ॥
सपयावें पहु अण्णु ण मण्णइँ पहु णामें जिणचरणइँ वण्णइँ॥
धुरेस केर तुहँ केर परम्मुहु होसइ समरंगणि तुहु सम्मुहु॥
जिण पय भत्तउ अतुल-परक्कमु खत्त धम्मु सो सरइ अणुक्कमु॥

घत्ता- *खमु रइ वरु संगरि असि धारइ करि सज्जइ हय-गय-भड सयइँ।*
रण-भोयणु देसइ तुम्ह विसेसइ किं आलावें पुणु सयइँ॥२४॥

सुनकर वह दूत निरुत्तर हो गया और अपने मन में सोचने लगा कि बाहुबलि रूपी इस दुरस्तर-समुद्र को कौन पार कर सकता है? यह सोचकर वह (दूत) वहाँ से चला और गजराज के बैरी (सिंह) के समान उन भरतेश्वर के दर्शन किये। सर्व-विजेता उन भरतेश्वर ने उस दूत से कुमार बाहुबलि की कुशल-क्षेम पूछी। तब दूत ने अपने उत्तर में कहा कि- वे कुमार बाहुबलि कुशल पूर्वक अवश्य हैं किन्तु वे किसी भी प्रकार से आपके लिये अपना शीश झुकाने के लिये तैयार नहीं हैं। वे तो आपके लिये अपने धनुष की कोटि पर बाण चढाकर उसकी डोरी को झुकाने के लिये तैयार अवश्य हैं। वे कुमार बाहुबलि आपके दण्ड (कर) को नहीं चाहते, छत्र, दण्ड आदि भी नहीं चाहते, क्योंकि उन्हें तो वे कचरा (कूड़ा) समझते हैं। मान (अहंकार) से उन्नत मन से वे अपने अहंकार को नहीं छोड़ रहे। वे केवल अपने भुजबल के प्रमाण को ही बतलाते हैं और अपने प्रताप के आगे अन्य किसी को अपना प्रभु (स्वामी) नहीं मानते। प्रभु के नाम से जिन-चरणों को ही अपना प्रभु मानते हैं और उन्हीं का वर्णन करने लगते हैं। हे षट्खण्डाधिपति भरतेश्वर, वे (कुमार बाहुबलि) आपसे परांगमुख हैं तथा समरांगण में वे आपके सम्मुख होंगे। वे कुमार बाहुबलि जिन-चरणों के भक्त हैं। अतुल-पराक्रमी हैं। अनुक्रम (वंश-परम्परा) से वे क्षात्र-धर्म (युद्ध के समय) का पालन करते हैं।

घत्ता- *वे क्षमा-धर्म में रति करते हैं किन्तु संग्राम के समय अपने हाथों में तलवार धारण कर सैकड़ों की संख्या में घोड़े, हाथी एवं सुभटों को तैयार भी करते हैं। अपके लिये विशेष रूप से रण रूपी भोजन देंगे। और अधिक मैं क्या कहूँ?॥२४॥*

दुवइ- .... *(यह अंश दुर्भाग्य से कीडों ने नष्ट कर दिया)*

....

पुष्पिका

इय रिसहपुत्तभरहबाहुबलिचरिए आइपुराणस्स सुत्त अणुसरिए सिरिपंडियरयधूविरइए सिरि

महाभव्व खेमसीह साहु णामंकिए बाहुबलि-भरह-दूवागमणं ॥ बीया संधि-परिच्छेउ सम्मत्तो॥ संधि - २ ॥ छ ॥

इत्याशीर्वादः

सर्वज्ञपादार्च्चन सूरिदाने आभाति यस्यात्र सदैव भूतिः॥

चित्ते च विज्ञानकलावतार : सो नंदताच्छ्री भुवि भोमराजः ॥छ॥

दुवइ- *(इसकी दोनों पंक्तियाँ दुर्भाग्य से कीट-कवलित हो जाने के कारण अनुपलब्ध हैं) ॥ २४ ॥*

....

पुष्पिका- *इसप्रकार आदिपुराण (जिनसेन कृत) के सूत्रों के अनुसार श्री-पण्ड़ित-रइधू द्वारा विरचित श्री महाभव्य खेमसीह साहु के नाम से अंकित (लिखित) ऋषभपुत्र भरतबाहुबलि चरित (ग्रन्थ) में बाहुबलि-भरत के दूत-आगमन नामकी दूसरी सन्धि-(परिच्छेद) समाप्त हुई।*

-द्वितीय सन्धि समाप्त-

इत्याशीर्वाद *-सर्वज्ञ के चरणों की पूजा में और सूरि-साधु को दान देने में जिसकी भूति-सम्पत्ति सुशोभित रहती है तथा जिनके चित्त में विज्ञान एवं कला अवतरित हैं, ऐसे श्री खेमराज इस भूतल पर आनन्दित बने रहें।छ॥*

❋❋❋

तृतीय-संधि

३/१

जब कुमार-बाहुबलि ने चक्री-भरतेश्वर के कथन का सम्मान न किया तो वे आग-बबूला हो उठे और ससैन्य युद्ध के लिये निकल पड़े-

----

दुवइ - *णउँ तुहु मण्णइं आणा कुमरु ण सेव समीहए॥*
जइ कर गहइ किवाणु ता को तासु सुण वीहए॥

तं णिसुणिवि डसियाहरु णरिंदु आहासइ णं पलयहु दिणेंदु॥
को गयणु पडंतउ धरइ पाणि को महु सम्मुहु थक्कइ णियाणि॥
इय भासिवि रयणिहि राउ थक्कु पच्चूसयालि पुणु चलिउ चक्कु॥
तहु पच्छइ चलिय गयंदविंद बहु वण्णंकिय णं सरयकंद॥
सामंत चलिय सिरिमउड-बद्ध कोवंड गहिय गुण-सर-समिद्ध॥
छत्तावलि छाइय गयणमग्ग पावक्क-गहिय करमंडलग्ग॥
अमरासुर-विज्जाहर णहग्गि हुउ कोलाहलु चल्लंत मग्गि॥

३/१

दुवइ- *कुमार बाहुबलि न तुम्हारी आज्ञा मानते हैं और न सेवा करना चाहते हैं। यदि वे अपने हाथों में तलवार ग्रहण करते हैं, तो फिर सुनो, उन्हें कौन रोक सकता है?*

इस समाचार को सुनकर नरेन्द्र भरत ने अपने अधर (ओंठ) डँस लिये। प्रलय-काल के सूर्य के समान वे बोलने लगे। गिरते हुए आकाश को रोकने के लिए भला कौन हाथ लगायेगा? निदान-अंत में रण में मेरे सामने कौन वहाँ ठहरेगा? ऐसा कहकर राजा भरत रात्रि भर रुके रहे। प्रत्यूष (प्रभात) काल में पुनः उन भरत के आगे-आगे चक्र चला। उसके पीछे-पीछे गजेन्द्र-वृन्द (हाथी समूह) चला। वे हाथी विविध वर्णो से ऐसे अंकित थे जैसे शरद् ऋतु के कंद बहुवर्णांकित होते हैं, फिर शिर पर मुकुट बाँधे सामन्त गण चले। वे डोरी पर बाण चढाये हाथों में धनुष लिये थे। गगन-मार्ग में छत्रावलि से आच्छादित हाथ में मंडलाग्र तलवार लिये कोलाहल करते हुए पैदल वीर चल रहे थे। आकाश में देव-असुर एवं विद्याधर थे। रवि-किरण के समान महारथ थे और हाथी के ऊपर बल में अद्भुत वे चक्रवर्ती

रवि-किरणि महारहि चक्कवट्टि आरूढ पीलऊ पर-बल अवट्टि॥
घत्ता- *फणि संकइ मुह वंकइ महि कंपइ गिरिवरु चलइ॥*
बलु चल्लइ दिग्गय डोल्लइ तुंगु सिहरु भूयलि मिलइ॥१॥

३/२

कुमार बाहुबलि ने भी गुप्तचर द्वारा सूचना पाकर रणभेरी बजवा दी और अक्षौहिणी-सेना के साथ समरांगण में प्रस्थान करने की तैयारी की। अक्षौहिणी-सेना का गठन-इस प्रकार था-

----

देस-णयर-पुर-पट्टण-गामइँ गहण मुवंतइँ विउलारामइँ॥
ता चरेहिं जाइवि एत्थंतरि मयणहु आहासिउ पोयणपुरि॥
आगउ चक्कवट्टि चूडामणि जेण पयावें णिज्जिउ दिणमणि॥
तं णिसुणेवि कुमारु तुरंतउ जंपइ रोसें अहर फुरंतउ॥
देमि ण तहु पएसु णियमंडलि समरंगणि गिद्धहँ देसमि बलि॥
सा संपइ जहि पत्तुद्धरियइँ तं जीविउ जिं जगु जस भरियइँ॥
इय भणेवि रण पडहउ दाविउ णं कुल-कलह मग्गु दंसाविउ॥

भरत आरूढ़ हुए।

घत्ता- *जब सेना चली तब फणी (नागेन्द्र) शंका करने लगा और मुख से वास भरने लगा। पृथिवी काँपने लगी। पर्वत हिलने लगे। दिग्गज डोलने लगे और ऊँची-ऊँची शिखरें भूतल में मिल गई॥१॥*

३/२

भरत चक्रवर्ती की वह सेना देश, नगर, पुर, पट्टन, ग्राम, गहन-वन, बड़े-बड़े आराम, (उपवनों) को पीछे छोड़ती हुई आगे बढ़ी। इसी बीच में दूतों ने जाकर मदनकुमार बाहुबलि को पोदनपुर में सूचना दी कि चक्रवर्ती-चूड़ामणि भरत आ रहे हैं। जिन्होंने अपने प्रताप से सूर्य को भी जीत लिया है। उस समाचार को सुनकर कुमार बाहुबलि रोष से ओठों को डँसते हुए तुरंत बोले- कि मैं उन्हें निजमंडल में प्रवेश नहीं करने दूँगा, समरांगण में गृद्ध जैसे पक्षियों को उनकी बलि दे दूँगा, क्योंकि संपत्ति वही है जो पात्रों के काम में आये। जीवन वही है, जिसका जगत् में यश भरा रहे। ऐसा कहकर उन्होंने रणभेरी बजवाई, मानों एक ही कुल के कलह-मार्ग को दिखा दिया हो। अपना सैन्य-दल तैयार कर वे कुमार निकल पड़े।

उसकी सेना के प्रमाण को कौन जाने? तीन घोड़ा, पाँच पैदल, मयगल

दलु सणज्झिविउ गंपि कुमारहु — को पमाणु जाणइँ तहुँ मारहु ॥
तुरय तिणि पंच जि पाइक्कइँ — मयगलु एक्कु एक्कु रहु थक्कइ ॥
मिलिज्जहिं जइ एक्कहि थामें — सा जि पत्ति पभणिय इह णामें ॥
ताहि जि तिउणउँ सेणु पउत्तइ — तं जि तिगुणु सेणामुह वुत्तइ ॥
जइ तिउणउ सेणामुहु किज्जइ — गम्मु णामु तहु बुहहिं भणिज्जइ ॥
तिउणु गुम्मु वाहिणि दलु अक्खिउ — वाहिणि तिगुणउ पियाणु पारिक्खिउ ॥
तिउणु पियाणहँ चम्मु परिट्ठउ — तिउणउँ तंपि अणीउ विदिट्ठउ ॥
जइ दसगुणिउ अणीउ वि किज्जइ — सा अक्खोहणि संख गणिज्जइ ॥
बहु अक्खोहिणीउ दलु मिलियउ — भरयहु सम्मुहुँ कामु जि चलियउ ॥

घत्ता- *एत्तहिं भड पिययम पिय-पुरऊ सविणय गिरहि पयंपइ ॥*
मुहु मंदिरि आणहि सुजस पडु णिय भुव अखिलु जि णि विसइ ॥२ ॥

३/३

समरांगण में प्रस्थान करने वाले योद्धाओं की पत्नियों द्वारा अपने-अपने पतियों के लिये वीरोचित प्रोत्साहन भरी विदाई दी गई-

----

का वि वरंगण पिउ अवरुंडइ — भणइ हारु रयणंतरु मंडइ ॥
अरि करि सिर असि पहरइ दारिवि — गय-मोत्तियइँ देहि मणहारिवि ॥

(हाथी) एक, और एक रथ मिलकर यदि एक स्थान पर इतने हों तो वह सेना ''पत्ति नाम'' से यहाँ कही जाती है। उससे तिगुनी 'सेना' कही जाती है। उससे तिगुनी संख्या को सेनामुख कहा जाता है। जब सेनामुख को तिगुना कर देते हैं, तो बुधों द्वारा उसे गुल्म या गम्म नामसे कहा जाता है। गम्म-गुल्म जब तिगुना होता है, तो उसे 'वाहिनी-दल' कहते हैं। तिगुनी वाहिनी को पियाणु कहा गया है। तिगुणे पियाणु का नाम चमू कहा जाता है। तिगुनी चमू को अनीक नाम दिया गया है। जब अनीक को दश गुणा किया जाता है, तो वह संख्या अक्षौहिणी कही जाती है। ऐसी बहुत सी अक्षौहिणी सेना दल को इकट्ठा कर भरत के सम्मुख वे कामकुमार बाहुबलि चले।

घत्ता- *इसीसमय भट (सैनिक) अपनी-अपनी प्यारी प्रियतमा से सविनय वाणी बोलने लगे कि मेरे मंदिर (घर) में लौट आने पर सुयश के नगाड़े अपनी समस्त मातृभूमि में बजेंगे और विजयश्री का प्रवेश होगा ॥२ ॥*

३/३

कोई वरांगना अपने प्रियपति से आलिंगन करती है और कहती है कि रत्नों के इस सुन्दर हार को भीतर में करो। शत्रुओं के हाथी के शिर पर असि का प्रहार कर

जणहु मज्झ सोहग्ग-जणेरी होमि णाह कित्तिलय तुहरी ॥
को वि भणइं पिए हउँ दंसावमि वइरिहु सीसु पडंतु धरेसमि ॥
सामि हियइ सब्भाउ पवट्टइ रण-तिच्छा सामि पहु रिणु तुट्टइ ॥
लोयायारें सुरपहु पावइ मज्झ लोइ णिम्मलु जसु थावइ ॥
कावि भणइँ सामिय सुणि किंकर मा णिहणेसहि भीयंकिय सिर ॥
राहु ण गहइ हीण तारायणु चंद-सूरु णिग्गहइ णरतणु ॥
वीर पुरिस जे समरि धुरंधर मणि सगव्व समुण्णय कंधर ॥

घत्ता- *जसवंत वीर कइ कव्व समा सच्छ वियट्ट सद्द रयणायरा ॥*
चलियइ सणज्झिवि खग्गकरा णिय सामिहु पयभत्ति कयायरा ॥३ ॥

३/४

समरभूमि में चक्री-भरतेश्वर एवं कुमार-बाहुबलि का ससैन्य आमना-सामना-

----

हुया दल विण्णिवि एक्कहिं खेत्तिं पवज्जिय संगर तूरइँ सत्तिं ॥
मुहग्ग वि णिग्गय मारुयरंधि सुभेरि पवज्जिय संगर-संधि ॥

उसे विदार कर मनोहारी गजमोतियों को ला कर देना। जनता के मध्य सौभाग्य उत्पन्न करने वाले, हे नाथ, मैं तुम्हारी कीर्तिलता होऊँगी। कोई भट कहता है कि हे प्रिये, मैं बैरियों के शिर को धरा में पड़ते हुए दिखाऊँगा। स्वामी के हृदय में सद्भाव प्रवर्त्तेगा। स्वामी प्रभु की रण-तृष्णा भी संतुष्ट होगी। इस लोकाचार से देवपथ-स्वर्ग भी मिलता है। मध्यलोक में निर्मल यश ठहरता है। कोई स्त्री अपने पति से कहती है कि- हे स्वामी, सुनो। भयभीत किंकरों के शिर को मत मारना। राहु हीन तारागणों को नहीं पकड़ता है। पूर्ण-चन्द्र ही सूर्य को ग्रहण करता है। यही मनुष्यपना है। समर में जो धुरन्धर वीर-पुरुष हैं, मन में गर्वसहित ही ऊँचे कन्धे वाले हुए।

घत्ता- *वे यशवंत, वीर, कवि के काव्य के समान यशस्वी होते हैं। जिसप्रकार काव्य प्रशस्त अर्थ-शब्दों की रचना वाले होते हैं, वे वीर भी प्रशस्त विजय की शब्द गीत रचना वाले थे। सुन्दर खड्ग को हाथ में लिये हुए अपने स्वामी की पदभक्ति आदर से करने वाली वह सेना रणभूमि की ओर सज-धज कर चली ॥३ ॥*

३/४

दोनों ही सेनाएँ रणक्षेत्र में आमने-सामने खड़ी हो गई। युद्ध के जोरदार बाजे बजने लगे। युद्ध के समय सैन्य-दल मुख से निर्गत वायु से छिद्रवाली भेरी को बजाने

समागय सेण समुण्णय पूर सरासण खग्गहिं भूसिय सूर॥
महारहि संठिय कोडि भडोह सुधाविय जोह पवट्टिय खोह॥
णरिंदहिं सीसहिं उब्भिय छत्त सुझंपिय बोम करावलि मित्त॥
गइंद घडा हय थट्ट चलंग सुधाविय वीर कयारण संग॥
पगज्जइ सेणु घणागमु णाइँ सुकड्ढिय आउह कोह मणाइँ॥
गुणुप्परि मग्गण थप्पिय झत्ति सुधूलि समुग्गय णं हुय रत्ति॥

घत्ता- *असवारह हय-थट्ट गयवर गयवर-घड मिलिया॥*
पाइक्कहँ पाइक्क रहवर रह धय संगि लिया॥४॥

३/५

विवेकशील मन्त्रियों ने उन दोनों ऋषभ-पुत्रों को चरमदेही मानकर ससैन्य युद्ध न करने की सलाह दी-

----

ता मंतिहिं मंतु विचिंतियउ रणि सुहडहँ पलउ पलोइयउ॥
ए विण्णि वि माणगइंद सिरा आरुहिय महावल समर-भरा॥
णउँ खमहि णउ छंडहि वीर रणु दीसंति दुण्णि ए चरम-तणु॥

लगे। नद-पूर के समुद्र के समान सेनाएँ आ गईं। उसमें सभी शूर-वीर धनुष और खड्गों से भूषित थे। महारथों पर करोड़ों भटों के समूह स्थित थे। योद्धा-गण खोह बनाते हुए दौड़ रहे थे। नरेन्द्र के शीर्ष पर खुला छत्र था, जो कि आकाश में सूर्य की किरणावलि को ढाँक रहा था।

गजेन्द्रों की घटा तथा घोड़ों के समूह चल रहे थे। रणसंग करते हुए वीर दौड़ रहे थे। आगमन के समय जैसे घन गरजते हैं, ठीक उसी के समान सेना भी गरजने लगी। क्रोधित मन से सेना ने अपने-अपने शस्त्र निकाल लिये। जिसप्रकार शास्त्रों में गुणस्थानों के ऊपर मार्गणाओं का कथन स्थापित किया जाता है; उसीप्रकार योद्धा अपने-अपने धनुष की डोरी पर शीघ्र मार्गणा-बाण चढाने लगे। उससमय धूलि इतनी उड़ी कि जैसे, मानों रात्रि ही हो गई हो।

घत्ता- *घोड़ों के असवारों से घोड़ों के समूह भिड़ गये। गजवरों से गजवरों की घटा भिड़ गई। पैदल पदाति वीरों से पदाति वीर भिड़ गये। ध्वजा को साथ में लिये रथवरों से रथवर भिड़ गये॥४॥*

३/५

भयानक नर-संहार की कल्पना कर तभी मन्त्रियों ने विचार-विमर्श किया कि- इस रण में तो सुभटों का प्रलय ही देखा जायगा। ये दोनों तो मानरूपी हाथी के

मारिय मरंति णउँ जिणहु पुत्त खंधावारहँ खउ दीसइ णिरुत्त॥
इय चिंतिवि ते रणभूमि मज्झि संठिय खणेण कायर असज्झि॥
वारिय सुहड वि आउह भुवंति सुणिरोहियाइँ सेणइँ तुरंति॥
जो घाउ पमेल्लइ चलइ ठाण तहु अत्थि रिसहजिण तणिय आण॥
ता सुहडहिं आउह खंचियाइँ णिय-णिय चित्तइँ आउंचियाइँ॥
विछोडिय कवयहँ बंधणाइँ विणिवारिय सरधणु संधणाइँ॥
ता भरह-काम पंजलियरेहि पणवेवि भणिय मंतीसरेहिं॥
घत्ता- *तुम्हइँ विण्णि वि जिणणाहसुया चक्की कामएव पयडा॥*
तुम्हहँ मेलिवि पुणु एच्छु महि णउँ समत्थ किंवि अच्छि भडा॥५॥

३/६

विवेकशील-मन्त्रिसमूह दोनों पराक्रमी भाइयों को युद्ध न करने की पुनः सलाह देते हैं-

----

पहु तुम्ह णिव-णाहि-कुल-वोम ससि-सूर तुमं दोण्णि मेहुव्व सुपयाण पयपूर॥
तुमं दो वि अरि दंति-सीहुव्व कय तास तुमं वे विजय-लच्छि अंभोय वास॥

शिर पर चढे हुए हैं। महाबल वाले हैं। युद्ध के आवेश से भरे हुए हैं। ये वीर न तो क्षमा ही करेंगे और न रण को ही छोड़ेंगे। ये दोनों ही वीर चरम शरीरी (अकाल मृत्यु से रहित तद्‌भवमोक्षगामी) दिखाई देते हैं। ये जिनेन्द्र के पुत्र हैं। मारने से भी ये नहीं मरेंगे। इसमें तो स्कंधावार-सेना का ही क्षय दिखाई देता है। ऐसा विचारकर वे मंत्रीगण रणभूमि के मध्य में असाध्य कार्य के लिये कायर के समान क्षणभर में जाकर उपस्थित हुए। उन्होंने आयुध घुमाते हुए सुभटों को रोका। सेना को तुरन्त ही भिड़ने से रोका और कहा कि अब सैनिक घात छोड़ेंगे और स्थान से नहीं चलेंगे। श्रीऋषभ जिनेश्वर की यही आज्ञा है। तब सुभटों ने जो आयुध खींचे थे, उन्होंने उन आयुधों को अपने-अपने चित्त से संकुचित कर लिये। वस्त्रों के बंधन छोड़ दिये। धनुष पर बाणों को जोड़ना छोड़ दिया। तब मंत्रीगणों ने हाथों की अंजलि बनाकर प्रणामकर भरतराज को यथेच्छ बात कहना शुरु किया-

घत्ता- *तुम दोनों ही जिननाथ के पुत्र हो। चक्रवर्ती और कामदेव के रूप में प्रगट हुए हो। पुनः इस लोक में तुम दोनों को छोड़कर अन्य कोई समर्थ (सुयोग्य) नहीं है अर्थात् बलवान् भट नहीं है॥५॥*

३/६

दोनों भाईयों से उन मन्त्रियों ने पुनः कहा कि- हे प्रभु, आप दोनों नाभि-

तुमं बे वि चरमंग सव्वंग पयभत्त तुमं बे वि सुपयंड सुपयाव रु सित्त ॥
तुमं दोण्णि थिर चित्त कणयद्दिसम धीर तुमं भुवणदो एक्क संगाम महावीर ॥
तुमं बे वि णयवंत रिउ-दमण सुसमत्थ तुमं दोवि सवियट्ट महि तिजय सुसमत्थ ॥
तुमं दो वि दयवंत समसरिस परमेट्ठि मा कुणह संहारुरक्खेहु णरसिट्ठि ॥
किं तेण भुत्तेण जं जणइ सवियारु किं तेण जाणेण जि लहइ णउ पारु॥
किं एण णिहणेण सु वराउ भडविंदु अवजसु वि जिं वट्टए एत्थु जणणिंदु ॥

घत्ता- *धम्म-पक्खु सस लग्घु जणि इह परलोय सुहंकरु॥*
तं करणिज्ज महामइहिं जो णयमग्गु परंपरु॥६ ॥

कुलरूपी आकाश के चंद्र-सूर्य हो। आप दोनों ही जल प्रपूरित (सजल) मेघ के समान हैं। आप दोनों ही शत्रुरूपी गजों के लिये त्रस्त कर डालने वाले सिंह के समान हो। आप दोनों ही विजय-लक्ष्मी के निवासभूत कमल हो। आप दोनों ही चरम-शरीरी हो। सेना के सर्वांग आपके चरणों के भक्त हैं। आप दोनों ही सुप्रचंड हो। अपने प्रताप की किरणों से प्रचंड सूर्य के समान हो। आप दोनों ही स्थिर-चित्त हो। कनकाद्रि (सुमेरु) के समान धीर हो। आप दोनों ही इस लोक में संग्राम में समर्थ महावीर हो।

आप दोनों ही न्याय-नीति के विद्वान् हो। रिपु के दमन करने में समर्थ हो। आप दोनों ही पृथिवी मण्डल पर सूर्य-समान तथा त्रिजगत् में समर्थ हो। आप दोनों ही दयावंत हो और परमेष्ठी के समान समभाव वाले हो। इसलिए सेना का संहार मत कीजिये। इस नर-सृष्टि की रक्षा कीजिये। उस भोजन से क्या लाभ? जो विकार-सहित हो अथवा उस ज्ञान अथवा यान-वाहन से क्या लाभ? जिससे लक्ष्य न पाया जा सके। उस निहत से (मारने से) क्या लाभ? जिसमें बराक दीन-भट वृन्दों के घात से लोक में अपयश हो और जनता में निन्दा का पात्र बनें।

घत्ता- *धर्म-पक्ष, छोटी बहिन एवं माता का आदर तथा सुरक्षा करना इस लोक और परलोक में सुखकारी है। अत: महामतियों को वही करना चाहिए, जो न्याय-नीति की परम्परा के अनुकूल हो॥६ ॥*

३/७

न्यायनीति-कुशल मन्त्रियों ने व्यर्थ के नर-संहार को रोकने की दृष्टि से दोनों रण-धुरन्धर भाईयों को स्वयं ही दृष्टियुद्ध, जलयुद्ध एवं मल्लयुद्ध करने की सलाह दी-

----

बे वि कुणहु तुम्हइ इह संगरु तिण्णि भेउ जण-मण संहरु॥
दिट्ठि-जुज्झु पहिलउ परिपालहु थिर-णयणइँ अण्णोणु णिहालहु॥
वीयउ णीरंजलि पूरेप्पिणु सिंचहु सरहु मज्झि पइसेप्पिणु॥
मल्ल-जुज्झु तइयउं दंसावहु एहु वयणु अम्हहं मणि भावहु॥
तं णिसुणिवि भरहाहिउ तोसिउ णीइ-मग्गु जं मंतिहि पोसिउ॥
राय-विहूसणु णाय-परिग्गहु मुणिहिं विहूसणु इंदिय-णिग्गहु॥
दच्छु जु कज्जाकज्जु णिरिक्खइं मित्तु जु छेउ पडंतउ रक्खइ॥
मंतिउ जो भविस्स परियाणइ सो विवेइ जो अवसरु जाणइ॥
किं रणि णिहय वराया किंकर किं हय-गय जे जाया पर कर॥
मइँ सहु रणु बाहुवलि णिबद्धउ सुहड-कुलक्खउ जणहँ विरुद्धउ॥
जं मणि भाविउ महि परमेसें तं जि पमाणिउं रइ-रमणीसें॥

३/७

अत: आप दोनों ही यहाँ ऐसा युद्ध करो। जो जनता के मन को हरने वाला हो। वह तीन भेद रूप हो सकता है। पहला युद्ध दृष्टि-युद्ध का पालन करो। स्थिर नयनों से एक दूसरे को देखते रहो। द्वितीय जल-युद्ध करो-तालाब के मध्य प्रवेश कर अंजलि में जल भरकर सींचो अर्थात एक दूसरे पर डालो और तीसरा मल्ल युद्ध करो। ये बातें हम मंत्रियों के मन में पसंद हैं।

उस सम्मति को सुनकर भरताधिप संतुष्ट हुए; क्योंकि मंत्रियों ने नीतिमार्ग का ही पोषण किया है। न्याय-मार्ग को स्वीकार करना राजा का भूषण है। इंद्रियों का निग्रह करना मुनियों का भूषण है। दक्ष वही है, जो कार्य-अकार्य का निरीक्षण करता है। मित्र वही है, जो छेद (संकट) पड़ने पर रक्षा करता है।

मंत्री वही है, जो भविष्य को जानता है और विवेकी भी वही है, जो अवसर को समझता है। रण-भूमि में दीन-किंकरों को मारने से क्या लाभ? उस युद्ध से क्या? जिसमें हय और गज दूसरों के हस्तगत हो जायें। मेरे साथ रण को बाहुबलि ने भी रोक दिया; क्योंकि सुभटों के कुल का क्षय करना लोक-विरुद्ध है। ऐसी जो बात मही के नरेन्द्र भरत चक्रवर्ती के मन में भायी, वही बात रति रमणीश बाहुबलि ने भी मानी।

घत्ता- *अमरासुर-खयरिंद गयणु विमाणहिं छाइया॥*
वसुह णियंत णरिंद भरहु अणंगु पराइया॥७॥

३/८

मन्त्रियों की सलाह मान ली गई और दोनों भाईयों में सर्वप्रथम दृष्टियुद्ध प्रारम्भ होता है-

----

णिवारिय वज्जय भेरि-मुयंग णिवारिय चामर सिंग्गिरिसिंग॥
णिवारिय माणव-घोस रवाल परिट्ठिय बे वि रणंगणि बाल॥
धणुस्सउ पंच सवाइय तुंगु परिट्ठि दीहरदेहु अणंगु॥
सरासण पंचसयाइँ महीसु अकंपु सुणिच्चलु णाइँ गिरीसु॥
णियंति परोप्परु णिच्चल-दिट्ठि फुरंति ण पुत्तलया समहिट्ठि॥
पलोयइ उड्ढ-मुहट्ठिउ राउ करावल-रासिव मित्त-पयाउ॥
कुमारु अहोदिसि पेक्खइ केम णहट्ठिउ रसायल जेम॥
णिहालइ राउ रईसहु तुंडु रईसु णिहालइ तासु मुंडु॥
संपदि य पत्त लवोवरि अग्गु णरिंदहु माण-णिसायर भग्गु॥

घत्ता- *अमर-असुर एवं खचरेन्द्र सभी विमानों से आकर आकाश में छा गये और वे सभी भूमि में नरेन्द्र भरत और कामदेव-बाहुबलि की तरफ देखने लगे॥७॥*

३/८

भेरी-मृदंग को बजाने से रोक दिया गया, युद्ध में शृंग पर चामरों को रोक दिया गया। मनुष्यों की सुन्दर घोषों को भी रोक दिया गया। रणांगण में दोनों ही वीरों ने प्रवेश किया। अनंग-कामकुमार बाहुबली ५२५ (सवा पाँच सौ) धनुष के ऊँचे लंबी देह वाले खड़े हुए। राजा महीश भरत अकंप सुनिश्चल थे, मानों गिरीश (सुमेरु) पर्वत ही हों। वे परस्पर में एक दूसरे को निश्चल दृष्टि से देखने लगे। नीचे भूमि पर इधर-उधर पुतलियाँ नहीं चलती हैं। राजा भरत खड़े-खड़े ऊर्ध्व मुख से देख रहे थे। जैसे किरणों की राशि मित्र (सूर्य) का ही प्रताप हों तथा बाहुबलि कुमार खड़े हुए नीची दृष्टि किये हुए देख रहे थे। जिसप्रकार कि आकाश में स्थित चंद्र रसातल की ओर देखता है। राजा भरत कामदेव के मुख को देखते थे तथा रतीश-कामदेव भरत के मुख को देखते थे। सब के वक्त्र (मुखों) पर यह बात स्पष्ट होने लगी कि नरेन्द्र का मानरूपी चंद्र अब भंग हो गया है।

घत्ता- *लहुयहु उणय पउ ठवइ गुरुयहँ हीण वियाणइ॥*
इहु दइयहु तणिय विचित्तगई कुवि तहु चरिउ ण जाणइ॥८॥

३/९

दृष्टियुद्ध में अपनी पराजय के कारण क्रोधाकुल चक्री-भरतेश्वर ने कुमार-बाहुबलि को जलयुद्ध करने के लिये ललकारा और एक सरोवर में जाकर वे दोनों भिड़ गये-

----

जय-रेह पढमु जुज्झहु पयट्टि हेट्ठा मुहुँ थक्कउ चक्कवट्टि॥
णंदाणंदणु मत्तगइंदगामि णहि सुरहिं पसंसिउ रइहु सामि॥
पुणु गयइ महासरि जणिय तोसु सुविसालउ सलहरिपर णं सेसु॥
सुपसत्थु पयंकिउ सरसु भव्वु सवणाहँ सुहंकरु णाइँ कव्वु॥
सारंगधारि पउमा-णिवासु चक्कालंकिउ णं पहियवासु॥
गंभीरुरुंदु मज्जायवंतु णं पुहइ सरु संठिउ महंतु॥
पवि पालि णिबद्धउ रयणदित्ति जंबूणयकय सोवाण-पंति॥

घत्ता- इस लोक में दैव-भाग्य संबंधी विचित्र गति है। कोई भी उस भाग्य के चरित्र को नहीं जानता। वह भाग्य लघु को उन्नत पद पर स्थापित कर देता है और गुरुजनों को हानिरूप हीन पद में स्थापित कर देता है॥८॥

३/९

प्रथम दृष्टियुद्ध की अपनी विजय-रेखा को नष्ट हुई देखकर उस चक्रवर्ती भरत का मुख झुक गया (अपमान से गर्दन झुक गई) और नन्दा रानी के मत्त-गज के समान गमन करने वाले उस रति-स्वामी कुमार बाहुबलि की आकाश से देवेन्द्रों ने प्रशंसा की। तत्पश्चात् वे दोनों भाई सुख-सन्तोषकारी, सुविशाल, शेषनाग तो नहीं बल्कि उसी के समान ठहरते हुए एक महासरोवर में जलयुद्ध करने पहुँचे। वे दोनों उसीप्रकार काव्य के समान लग रहे थे, जिसप्रकार निर्दोष-काव्य प्रशस्त शुभ अर्थ वाले पदों से अंकित सरस-नवरस युक्त होने के कारण भव्य श्रवणों (कानों) को सुखकारी होता है (तात्पर्य यह कि वे दोनों भाई सरस भव्य-जीवों के लिये सुखकारी प्रशस्त-पदों से अंकित थे)। धनुर्धर, पद्मा (लक्ष्मी) का निवास तथा चक्र से अलंकृत वह भरत-चक्रवर्ती ऐसा प्रतीत हो रहा था, मानों पथिक-निवास (धर्मशाला) ही हो। गम्भीर रुंद (लम्बा-चौंड़ा), मर्यादा-पालक समुद्र के समान गम्भीर, महान् वह पृथिवीधर वहाँ खड़ा हो गया। अथवा- कमल-पुष्पों का निवास

तहिं सरवरम्मि ते खणि पइट्ठ सुर-खेयर-णरविंदेहि दिट्ठ॥
लंबियकर णं दोणि वि गइंद सपयाविं किय णावइ दिणिंद॥
रोसारुणु दारुणु चक्कणाहु कर अंजलि मेल्लइ जल-पवाहु॥
उरंगणि जल लव तहु चलंति कडिमेहल फंसिवि फुडु वलंति॥
णं हिमगिरिवरहु णियंब एसु फंसिवि सुरसरि वियलइँ विसेसु॥
णाही फंसिवि जल दुण्णिवारु णिवडइ णं मुत्ताहलहु हारु॥
ससिकंति व मरगय-भवणिलग्ग णं हंसु पंति वियरइ समग्ग॥
ता रूसिवि कामें करिवि गव्वु जल-कल्लोलहिं णहु भरिउ सव्वु॥

घत्ता- *सिरि चक्काहिव हुवि सिर उवरि जलकल्लोल-भरिय गयणु॥*
उययद्दि-सिहरि थिउ हिमकिरणु णं सोहइ संपुण्ण तणु॥९॥

वह महासरोवर भी चक्रवाक-पक्षियों से अलंकृत, गम्भीर (गहरा), रुंद (लम्बाई-चौड़ाई में विस्तृत) मर्यादा-बद्ध, वज्र (हीरों) के बने तटवाला, रत्नदीप्ति युक्त, जाम्बूनद-सुवर्णमय सोपान पंक्ति (सीढियों) वाला था, ऐसे ही सुर, खेचर एवं नर-समूहों द्वारा देखे जा रहे उस महासरोवर में वे दोनों भाई शीघ्र ही प्रविष्ट हुए।

लम्बे-लम्बे हाथों वाले वे दोनों भाई ऐसे प्रतीत हो रहे थे, मानो विशाल सँडों वाले गजेन्द्र ही हों और अपने प्रताप से उन्होंने, मानो सूर्य को ही प्रताप-विहीन (नीचे) कर दिया हो। क्रोध से तमतमाये रक्ताभ हुए, भयानक रूपधारी चक्रनाथ-भरत चक्रवर्ती अपने हाथों की अंजुली से जल-प्रवाह (जल-धारा) कुमार बाहुबलि की ओर छोड़ रहे थे, जो उनके (बाहुबलि के) हृदय रूपी आँगन तक जा रहा था और उनकी कटि-मेखला का स्पर्शकर (लौटकर) आ रहा था। वह ऐसा प्रतीत हो रहा था, मानों हिमवान्-गिरिवर के नितम्ब-प्रदेश का स्पर्श कर गंगानदी ही विशेष रूप धारण कर निकल (प्रवाहित हो) रही हो। वह दुर्निवार जल-प्रवाह उनकी (बाहुबलि की) नाभि का स्पर्श कर नीचे की ओर गिर रहा था, जो ऐसा प्रतीत हो रहा था, मानों मोतियों से गुँथा हुआ हार ही गिर रहा हो। वह जल-प्रवाह मरकत-निर्मित भवन में जड़े हुए चन्द्रकान्त मणियों जैसा प्रतीत हो रहा था अथवा मानों हंस-पंक्ति ही वहाँ सर्वत्र विचरण कर रही हो। उससे रुष्ट कामदेव-बाहुबलि-कुमार ने भी गर्व करते हुए अपनी जल-कल्लोलों से समस्त आकाश को भर दिया।

घत्ता- *कुमार बाहुबलि द्वारा भरत चक्रवर्ती के सिर के ऊपर छोड़ी गई जल-कल्लोलों से सारा आकाश भर गया। उससे भरत-चक्रवर्ती का सम्पूर्ण शरीर ऐसा सुशोभित हो रहा था, मानों उदयाद्रि (उदयाचल) के शिखराग्र पर स्थित चन्द्रमा ही सुशोभित हो रहा हो॥९॥*

३/१०

भरतेश्वर जलयुद्ध में भी पराजित हो गये। तत्पश्चात् मल्लयुद्ध के लिये तैयारी की जाने लगी-

----

सवण-णास-रंधहि पसरिउ जलु	भरहेसरु संजाउ समाउलु॥
ता मेहेसराइँ णिव वीरहिं	चक्केसरु णीयउ सर-तीरहिं॥
मयणु वि ओसरेवि पुणु णिग्गउ	जिं जित्तउ णियगमणें दिग्गउ॥
तो कोहाणलेण पुणु कंपिउ	भरह-णरिंदिं तासु जि जंपिउ॥
खेड्डु एहु जल जुज्झु णिवुत्तउ	किज्जइ मल्ला रवाडु णिरुत्तउ॥
भूमि-पएसु विणिएवि पवित्तउ	कंटयडलपाहाणहिं चत्तउ॥
विज्जाहर-सुरवरगणु जोवइ	बहु सामंत चक्कु अवलोयइ॥
सेहरु-कंकण-हारोत्तारिय	मल्ल-वित्ति खणि दोहिम धारिय॥
चीरं गंठि दइ कुंतल बंधिय	कडियलम्मि मणि कंचुव संधिय॥
सुरहि-विलेवणेहिं मद्दिउ तणु	अण्णोण्णहिं मणि संखोहिउ अणु॥
बे वि पइट्ठ महाभड णिब्भय	तूर असंख खणेण समाहय॥

३/१०

भरतेश्वर के कान के छिद्रों और नाक के छिद्रों में जल भर गया, जिससे वे अत्यन्त व्याकुल हो उठे। इसकारण मेघेश्वर आदि वीर राजा-गण उन चक्रेश्वर-भरत को सरोवर के तट पर ले आए। तभी मदन-बाहुबलि भी सरक कर निकल गये, मानों निज गति से दिग्गज को ही जीत लिया हो। क्रोधाग्नि से काँपता हुआ भरत नरेन्द्र उस अनंग कुमार बाहुबलि से बोला-अब यह जलयुद्ध का खेल तो निपट गया और अब पूर्व कथित मल्लों के अखाड़े का युद्ध हो ।

तब एक अखाड़ा बनाया गया-पवित्र भूमि-प्रदेश देखकर, काँटे, कंकर-पत्थरों से रहित विद्याधरों, देवों एवं सामन्तों की देखरेख में उसे बनाया गया। शेखर, कंकण हार उतार कर क्षणभर में उन दोनों ने मल्लवृत्ति-(कुश्ती की अवस्था) धारण की। उन्होंने अपने-अपने वस्त्रों में गाँठं लगाई, केशों को बाँधा। कटितल में मणि, काँचली-लंगोटी को साधा। सुगंधित विलेपनों से शरीर का मर्दन किया। परस्पर में वे दोनों अपने-अपने मन में संक्षुब्ध भी हो रहे थे। निर्भीक वे दोनों ही महाभट अखाड़े में उतरे। तत्काल ही असंख्य बाजे बजने लगे। बाहुदंड की दृढ़ बँधी हुई मुट्ठियों से वीर-रस से फूले श्रेष्ठ शरीर के पुट्ठों से वे एक दूसरे पर प्रहार करने लगे।

बाहुदंड दढ अंकिय मुट्ठिहिं   भडरस फुल्लिय वरतणु पुट्ठहिं ॥
कालंकुर भूभंगुर-वयणें   रुहिरारुण विप्फारिय णयणें ॥
अइव कुद्ध आसीविस-वेसें   मयणहु भासिउ भरहणरेसें ॥
किं रणु णयणालोयणु गिज्जइ   किं जीवंत जलंजलि दिज्जइ ॥
कामएउ माणिणि मणु मोहइ   कुसुम-वाणु रण-भूमि ण सोहइ ॥
घत्ता- *महिवीढम्मि पउत्तु जं ठिय जुज्झु गरिट्ठउ॥*
जिं वरमुट्ठि पहारु लब्भइ साउ समुट्ठिउ॥१०॥

३/११

अपनी विजय से गर्वोन्नत बाहुबलिकुमार ने चक्री भरतेश्वर को मल्लयुद्ध के लिये ललकारा। तदर्थ वे दोनों पुनः भिड़ गये-

----

भणइँ कामु को मज्झु जि सम्मुहु   थक्कइ समरि करेमि परम्मुहु ॥
तं णिसुणिवि कोवेण पलित्तउ   णाइँ हुयासणु अज्जें सित्तउ॥
बे वि णाइँ जंगम-गिरि संठिय   चरणहँ ठाणु ठवेप्पिणु थिर थिय ॥
सुरवइ-करि-कर-भुयहिं पलंबिय   दाहिणकरेण महीयलु चुंबिय ॥
वयण-सास पवणें घण विहडिय   हक्क-बक्क-सर-घोस सुपयडिय ॥

काल के अंकुर के समान टेढी भौंह वाले मुख से, रुधिर से अरुण फाड़े हुए नेत्रों से अत्यंत क्रुद्ध सर्प के समान भरत-नरेश ने मदनकुमार-बाहुबलि से कहा- नयनों से देखे जाने वाले रण को क्या करें? जीते हुए को जलांजलि क्या देवें? मानिनी नायिक के मन को मोहने वाला कामदेव होता है। ऐसा सुंदर रूपवाला कुसुम-बाण-कामदेव (बाहुबलि) रणभूमि में शोभा नहीं पाता।

घत्ता- *पृथिवी-मण्डल में गरिष्ठता प्राप्तकर जो युद्ध में प्रवृत्त हो और ठोस मुट्ठी के प्रहारों से उत्पन्न स्वाद को जो चखे क्या यह उचित है? १०॥*

३/११

पराजित भाई भरतेश्वर का कथन सुनकर कामदेव (बाहुबली) बोले कि- मेरे सम्मुख ऐसा कौन वीर है जो खड़ा रहे? जो भी आयेगा उसको पराङ्मुख कर दूँगा। बाहुबलि का कथन सुनकर भरत क्रोध से ऐसा जलने लगा, मानों अग्नि पर आज्य (घी) ही सींच दिया हो। वे दोनों ही जंगम (पर्वत) के समान उस अखाड़े में स्थित थे। अपने-अपने चरणों के स्थान को स्थिर बनाकर खड़े थे। सुरपति करि (ऐरावत हाथी) की सूँड के समान उन दोनों की भुजाएँ लटक रहीं थी। उन दोनों ने अपने-अपने

कर–पल्लव मेल्लहि आउंचहि णय–मुद्दगहु करहिं विमुंचहिं॥
दंति तलप्प सीह आयारें तणु रक्खहिं पच्छिम आधारें॥
छप्पय–भमण करइ फेरंकिय जुज्झहिँ बे वि रणम्मि असंकिय॥
कर–तालीव मिलेवि विहट्टहिं सायर–वेला इव ओहट्टहिं॥
घत्ता– *वंकगीव सुविसुद्ध परसप्पर वेढंति तणु जिहँ पुणु॥*
चंदण–रुक्खु मलय–महागिरि सप्पगणु॥११॥

३/१२

चक्री–भरतेश्वर एवं कुमार–बाहुबलि की मल्लयुद्ध में भीषण भिडन्त–

राएण रूसेवि खरकिरणदित्तेण तिजएस–पुत्तेण अइरुद्धचित्तेण॥
मुट्ठीपहारेण वज्जंक–हत्थेण णिहणियउ उरि कुमरुणिट्ठुर समत्थेण॥
णाइंद आयार भुवदंड वलियंग ते जुडिय तणु संधिं आसंघिं सव्वंग॥

दाहिने हाथ से पृथिवी का स्पर्श किया। मुख से वास की ऐसी पवन (तीव्र गति से) निकल रही थी कि– उससे मेघ भी विघटित हो जाँय। हक्का–बक्का होकर (घबड़ाकर) स्वर–घोष प्रकट हो रहा था। वे कर–पल्लवों को मिलाते और संकुचित कर लेते थे। हाथों से नयमुद्रा को ग्रहण करते थे और छोड़ते थे। सिंह जिसप्रकार हाथी पर पंजा मारता हैं उसी आकार–प्रकार से वे दोनों ही तल प्रहार करते थे और पीछे हटकर अपने–अपने शरीर की रक्षा करते थे। जिसप्रकार भ्रमर बारम्बार फेरा (प्रदक्षिणा) लगाता रहता है, उसीप्रकार वे दोनों भाई भी नि:शंक होकर एक दूसरे का फेरा लगा–लगा कर अपनी–अपनी विजय के लिये मल्लयुद्ध करते हुए जूझ रहे थे और हाथों की ताली की तरह मिल कर हट जाते थे; समुद्र की वेला जिसप्रकार मिलती है और हट जाती है ठीक उसीप्रकार वे दोनों भी आगे बढ़ते थे और पीछे सरक जाते थे।

घत्ता– *टेढी–मेढी गर्दन कर वे दोनों वीर परस्पर में एक दूसरे के शरीर को उसीप्रकार वेढ़ रहे थे, जिसप्रकार कि महागिरि मलयाचल पर चन्दन–वृक्षों को सर्पगण वेढ़ (घेर) लेते हैं॥११॥*

३/१२

भरतराज ने जो कि सूर्य के समान दीप्त थे तथा त्रिजगदीश–ऋषभदेव के पुत्र थे। वे अपने चित्त में अतिरुष्ट हो रहे थे। अत: अपने निष्ठुर समर्थ वज्रांकित हस्त के मुष्टि–प्रहार से कुमार बाहुबलि के हृदय पर आघात किया। नागेन्द्र के समान भुजा–दंड वाले, बलवान् शरीर वाले, शरीर की संधियों को सम्हाल कर सभी ओर

गुणचडिउ कोवंडु जिम णवइ अइवलिउ छ्लु करिवि बलु गहिवि णहमग्गि उच्छलिउ॥
तलि दिणु कंदप्पु उरि थक्कु चक्कवइ खणु एक्क थिरुहोवि जा करहि तणु दमइ॥
ता कुद्ध रइकंतु गज्जंतु णं सीहु खणि कलिउ महिणाहु कामेण सहल्लिउ॥
उद्धरिउ सिर उवरि किउ समर हय दप्पु सुर-असुर-खयरोहि संसियउ कंदप्पु॥
जिम छत्तु सोहेइ सीसम्मि तिह राउ भू-खयररायाहँ तहि किण्ण मुहु जाउ॥

घत्ता- *जेम सुपुत्तें वंसु जिम दय धम्मु जिणेसरेण।*
जिम वर-कव्वु कईहिं तिम पहु उद्धरियउ सरेण॥१२॥

३/१३

कुमार बाहुबलि एवं चक्री भरतेश्वर एक दूसरे की भर्त्सना कर पुनः हुंकार भरते हैं-

----

पुणु राउ ठविउ महि तेयमंदु णं उग्गहियउ राहेण चंदु॥
पुणु कुद्धें गयमाणु णएण णिब्भच्छिउ कामु णराहिवेण॥
पभणियउ धिट्ठ रे कच्छ जासि रण-फलु दावमि अविवेयरासि॥

से वे फिर जुड़ गये। गुण (डोरी) पर चढ़ा हुआ धनुष जैसे झुक जाता है। अति बली वह भरत राजा छलकर बल पूर्वक आकाश में उठता पुनः नीचे तले किये बाहुबलि कुमार की छाती पर वह (चक्रवर्ती भरत) बैठ गया। क्षण एक स्थिर होकर जब तक हाथों से शरीर को दबाया (दमन) किया। तब तक रतिकांत- कामदेवकुमार बाहुबलि क्रोध से सिंह के समान गरजता हुआ क्षण भर में उठा और महीनाथ भरत को क्रम-पैरों से सहलाया (दबाया) और सिर के ऊपर उठा लिया। तब भरत को इस युद्ध में भी दर्प रहित किया। सुर, असुर, खेचर-समूह ने कंदर्प कुमार बाहुबलि की प्रशंसा की। जैसे शिर पर छत्र सोहता है, वैसे ही राजा भरत बाहुबली कुमार के शिर पर शोभता था। उसी समय भूमि राजा भरत और विद्याधर राजाओं के मुख काले हो गये।

घत्ता- *जैसे सुपुत्र से वंश उठता है। जैसे जिनेश्वर से दया-धर्म ऊँचा होता है। जैसे कवियों से काव्य का उद्धार होता है। वैसे ही बाहुबलि ने शिर पर प्रभु भरत को ऊपर उठा लिया॥१२॥*

३/१३

पुनः मंद-तेज-(फीके मुख वाले) भरत को उतार कर मही पर रख दिया, मानो राहु द्वारा चंद्रमा ग्रसा गया हो। पुनः मान चले जाने पर उन्नत मानी क्रोधी भरतराज ने कामदेव कुमार को डाँटा। वह कहने लगा कि रे धीठ, जा कहाँ रहा है? हे

मइँ वसि किय सयल जि खयर देव   किं तुहँ ण करहि महु तणिय सेव॥
हउँ तिजयमल्ल अरि-णर धसक्कु   महु अत्थि सहेज्जउ अतुलचक्कु॥
ता चविउ सुणिवि मयरद्धएण   किं भणिएँ एत्थु विरुद्धएण॥
पिउणा दिण्णउँ तुव रज्जु भारु   एक्कु जि पोयणपुर महु सुसारु॥
खत्तत्तणि तुम्ह ण करमि सेव   महु रुद्वें रणि देव जि अदेव॥
कुंभार-चक्कु समु चक्कदंडु   मेल्लहिं करेमि तें खंडु-खंडु॥

घत्ता- *जइ सुवणत्तण भाउ ता किं दरि महि विक्कमु॥*
जइ समरंगणि सक्कु ता पयडेहि परक्कमु॥१३॥

३/१४

कुमार बाहुबलि की हुंकार से चक्री भरतेश्वर क्रोधाकुल होकर उन पर चक्रायुध छोड़ने की तैयारी करते हैं-

----

तं हाणि सुणेप्पिणु वइरियचक्कु   णिवेण णिहालिउ तक्खणि चक्कु॥
सुवारहि तासु महाणिव-चक्क   सुवारहि सायर मंति गुरुक्क॥

अविवेक राशि, अब मैं तुझे इस रण का फल चखा देता हूँ। अरे कुमार, मैंने समस्त खेचर एवं देवगण वश में किये हैं फिर क्या तुम मेरी सेवा नहीं करोगे? मैं त्रिजगत् का मल्ल हूँ। शत्रु-मनुष्यों को धसाने वाला (नाश करने वाला) हूँ। मेरा साथी यह अतुल-चक्र है।

इन वचनों को सुनकर मकरध्वज-बाहुबलि ने कहा कि- अब यहाँ विरुद्ध उलटा कहने से क्या लाभ? पिता ऋषभदेव ने तुम्हें समस्त राज्यभार दिया है और मुझे सारभूत एक ही पोदनपुर (वर्तमान पेशावर) का राज्य दिया है। क्षत्रिय होने से मैं तुम्हारी सेवा नहीं करूँगा। मेरे रुष्ट होने पर रण में तो देव भी अदेव (राक्षस) हो जावेंगे। मेरे सम्मुख तो तुम्हारा यह चक्रदंड कुंभार के चक्रदंड के समान ही है। उसके छोड़ने पर मैं उस चक्रदण्ड को खण्ड-खण्ड कर डालूँगा।

घत्ता- *यदि सुवर्ण शरीर श्रेष्ठ भाई है, तो उसे बल क्या दिखाना? यदि वह भाई समरांगण में शक्र है, इन्द्र के समान मानी है, तो मैं अपना पराक्रम प्रगट करूँगा॥१३॥*

३/१४

कुमार बाहुबलि के अपमान -जनक वचन सुनकर भरतेश्वर ने तत्काल ही शत्रुजनों के चक्र (समूह) को नष्ट कर देने वाले अपने चक्र की ओर देखा। भरतेश्वर की क्रुद्ध-दृष्टि देखकर बड़े-बड़े राजागण उन्हें रोकने लगे। महामन्त्रियों ने भी उन्हें

सुवारइ पुरोहिउ तेण जि ठाउ | ण किज्जइ चक्कि सगोत्तहहु घाउ॥
सुवारहि मेइणि णाउ जि तासु | ण मेल्लहि चक्कु सबंधु जणासु॥
तहावि ण मण्णइ कोहें सत्तु | मऊहहि णिज्जिउ चक्क सुमित्तु॥
गहेवि करंगुलि भामिवि अग्ग | सुरासुर संकिय खयर समग्ग॥
कराउ पमुक्कउ णेहें मुत्तु | तुरंतु पधाविउ णाइँ कयंतु॥
पधावइ रोरहु जेम विसाउ | पधावइ लो जेम कसाउ॥
पधावइ जेम संजोए-विओउ | पधावइ जेम जि सायरि पोउ॥
पधावइ हत्थिहु जेम मइंदु | पधावइ जेम णहम्मि सुचंदु॥
फुरंतउ तेम रहंगु सुतारु | पधाविउ सम्मुहु सो अणिवारु॥
णिएप्पिणु तं वि महीसर सव्व | धुणंति ससीसु ठिया तहिं भव्व॥
पयंपहि पेक्खहु रायहु रोसु | पयासिउ गोत्तकलंकु जि सीसु॥
जहा मइवंत वि एम कुणंति | तहाँ पुणु मूढहँ दोसु ण संति॥
पयक्खण देवि कुमारह थक्कु | सुदाहिण हत्थ पुरिट्ठिउ चक्कु॥

विनम्रता पूर्वक रोका। वहीं पर खड़े हुए पुरोहित ने भी (भरतेश्वर को बाहुबलि पर) चक्र चलाने से रोका और निवेदन किया कि- हे चक्री (भरत), अपने ही गोत्र वाले भाई का घात मत कीजिये। मेदिनीपति अन्य राजा गण भी उन्हें रोकने लगे और कहने लगे कि बन्धु-बान्धवों पर चक्र मत छोड़िये तथापि क्रोधाकुल भरतेश्वर ने किसी के कथन को सत्य नहीं माना।

भरतेश्वर का जो चक्र अपनी तेजस्वी किरणों से सूर्य को भी जीत रहा था, उसे ही उन्होंने अपने हाथ की अँगुली में फँसाकर स्नेह-भाव भुलाकर (बाहुबलि के आगे) घुमाकर छोड़ दिया जो कृतान्त (यमराज) के समान दौड़ा। उससे सुर-असुर एवं खेचर सभी सशंकित हो उठे।

वह चक्री उसीप्रकार दौड़ा, जिसप्रकार रोग से विषाद दौड़ता है, लोभ से कषाय दौड़ती है, संयोग से वियोग दौड़ता है और समुद्र में जहाज दौड़ता है, जैसे हाथी के ऊपर मृगेन्द्र झपटता है, जैसे आकाश में चन्द्रमा दौड़ता है, ठीक उसीप्रकार तार-स्वर से फुंकारता हुआ दुर्निवार वह रथांग-चक्र कुमार बाहुबलि के सम्मुख दौड़ा। उसे खड़े हुए सभी महीपतियों ने देखा और देखकर अपना माथा धुनने लगे। वे परस्पर में कहने लगे कि देखो तो इस राजा (भरत) का रोष। अपने शिर पर अपने ही गोत्र का कलंक लगा दिया। जब बड़े-बड़े मतिवन्त ही ऐसा अनर्थ कर डालते हैं, तब वैसा करने से मूढ़ों को क्या दोष दिया जाय? वह चक्र भी कुमार बाहुबलि की

घत्ता- *ता चिंतइ रयवरु उच्छ धणुह करु सयल महीयल भाराधरु॥*
पिउणा जो थप्पिउ णियपउ अप्पिउ सुर णर खेयर गहिय करु॥१४॥

३/१५

चक्री भरतेश्वर के प्रति अपने द्वारा किये गये अपमान-जनक विचारों के लिये कुमार बाहुबलि दुःखी होकर तपश्चरण का संकल्प करते हैं-

----

जासु चक्कु कयपुण्णें सिद्धउ वर चउदह रयणेहिं समिद्धउ॥
जसु सेवहिं दुतीस-सहसइँ वर मउडबद्ध-णिव-खेयर-सुरवर॥
छक्खंडावणि जेण पसाहिय सट्ठि-सहस-वरिसहिं संवाहिय॥
चक्कें होंतें चक्कि भणिज्जइ तं पि चक्कु किह मइ गिण्हिज्जइ॥
चक्कहु हुउँ णिय करुण पसारमि अहवा एण कवणु संघारमि॥
पुणु भरहेसरु कामें दिट्ठउ णाइँ तवसि वंभव्वय भिट्ठउ॥
दावाणल-दड्ढउ णं तरवरु णं जल सुक्कउ सोहइ सरवरु॥
लुत्त सपक्कखु णं गरुडु विहंगमु दसण-विहूणु णाइँ करि पुंगमु॥
मलिउ-माणु-णर खयर णियंति णत्थि कज्जु मुहु एण जियंति॥
चक्क-रयणु पुणु परि करि पत्तउ मइ चितंइ जा भरहु णिरुत्तउ॥

प्रदक्षिणा देकर दाहिने हाथ पर स्थित हो गया।

घत्ता- *यह सब देखकर वह रतिकुमार-बाहुबलि अपने मन में विचारने लगा कि- अपने हाथ में धनुष उठाने वाला, समस्त छहखण्ड महीतल के भार का धारी, सुर, नर एवं खेचरों से कर (टैक्स) वसूल करने वाले भरतेश्वर को अपने पद पर स्थापितकर पिता ऋषभदेव ने स्वयं अपना साम्राज्य अर्पित किया॥१४॥*

३/१५

बाहुबलि अपने मन में विचार करते हैं कि- जिस भरत को उसके पुण्य से ही चक्ररत्न सिद्ध हुआ, जो भरत श्रेष्ठ चउदह रत्नों से समृद्ध हुआ, जिस भरत की ३२ हजार मुकुट बद्ध श्रेष्ठ राजा एवं विद्याधर और देवगण सेवा करते हैं, जिस भरत ने छहखण्ड वाली पृथिवी को प्रसाधित किया, जिसने साठ हजार वर्षों में अपनी विजय-यात्रा सम्पन्न की, उस भरत के पास चक्र होने से वह चक्रवर्ती कहा जाता है, उसका यह चक्र मेरे द्वारा कैसे प्राप्त किया जाये? किन्तु वह चक्र लेने के लिये मैं अपना हाथ पसारुँगा नहीं अथवा यह चक्र लेकर भी मैं उससे किसका संहार करूँगा? अत: यह चक्र मेरे लिये अनावश्यक है। यही विचारकर कामदेव बाहुबलि कुमार ने भरतेश्वर की ओर इसप्रकार देखा, मानों वह ब्रह्मचर्य-व्रत से भ्रष्ट कोई तपस्वी ही हो अथवा मानों

ता पेच्छिवि बंधउ मलिणाणणु मयरकेउ चिंतइ पुणु सुहमणु॥
हा-हा मइँ किं एहउँ भाविउं जं णरणाहहु अविणउ दाविउ॥
जसु सिरि छत्त-रयणु णिरु सोहिउ जल कल्लोलहिं सो मइ रोहिउ॥
जो सुर-असुर-खयर मण-इट्ठउ सो मइँ भिउडिदिट्ठि कहँ दिट्ठउ॥
जो गंगादेविहिं अइ णिम्मल सिंहासणि ठाविवि ण्हाविवि उज्जल॥
धूलि बहलधर सो दर मलियउ पुणु-पुणु भुय-दंडहिं णिद्दलियउ॥
इय चिंतेवि भणइ मण संकिउ रवमसु भाय जं मइँ अविणउ किउ॥
चक्काहिउ तहुँ सव्वहँ जेट्ठउ हउँ अविवेइउ मूढु णिकिट्ठउ॥

घत्ता- *किं बलु सामत्थें एत्थु जें अवमाणिउ बंधुयणु॥*
किं जोव्वण अकियत्थि जेण ण किज्जइ तवयरणु॥१५॥

दावानल से दग्ध कोई उत्तम वृक्ष ही हो, अथवा मानों जल से सूखा हुआ कोई सुन्दर सरोवर ही हो अथवा मानों अपने सुन्दर पंखों से रहित कोई गरुड़ पक्षी ही हो अथवा मानों दन्त रहित कोई गजश्रेष्ठ ही हो। नर, खेचर सभी तो मान (अहंकार) से मलिन इस भरतेश्वर की ओर देख रहे हैं। अतः अब इस (भरतेश्वर) को जीतने से मेरा कोई प्रयोजन नहीं? यह चक्ररत्न भी पुनः मेरा अनर्थ न कर उसी के हाथ में पहुँच गया है, जिससे वह भरत स्वयं अब चिन्तातुर हो रहा है।

भरतेश का मलिन-मुख देखकर मकरकेतु बाहुबलि कुमार शुभ मन पूर्वक पुनः विचारने लगे कि हाय-हाय, मैंने यह क्या विचार किया? जो इस नर-नाथ भरत-चक्रवर्ती को अपमानित किया। जिसके सिर पर निरन्तर ही छत्ररत्न सुशोभित रहते हैं, उसी भरत को मैंने जल-कल्लोलों से पराजित किया, जो सुर, असुर, खेचर के मन को इष्ट है, उस भरत के लिये मैंने भ्रकुटि (टेढ़ी-मेढी भौहों) से क्यों देखा? जिसे गंगादेवी ने अतिनिर्मल उज्ज्वल सिंहासन पर बैठाकर स्नान-अभिषेक किया, ऐसे अपने ही भाई भरत को मैंने धूलि-बहुल धरती पर पटक कर मलिन कर डाला और बारम्बार अपने भुजदण्डों से उसे मसल डाला। ऐसा चिन्तवन कर अपने मन में शंकित होकर वह कामदेव बाहुबलि कुमार भरतेश से बोला-"हे भाई भरत, मैंने तुम्हारी जो अविनय की है, उसे क्षमा कर दो। चक्राधिप होने के कारण तुम्हीं सबसे श्रेष्ठ, ज्येष्ठ हो और मैं अविवेकी मूढ एवं निकृष्ट हूँ।"

घत्ता- *उस बल-सामर्थ्य से भला क्या लाभ? जिससे बन्धुजन अपमानित किये जाये? उस अकृतार्थ-असफल यौवन से क्या लाभ, जिससे कि तपश्चरण न कर दूसरों के अहित में उसका दुरुपयोग किया जाय? (तात्पर्य यह कि मुझे अब सभी से क्षमा-याचना कर प्रायश्चित स्वरूप घोर-तपस्या करना चाहिए) ॥१५॥*

३/१६
कुमार बाहुबलि का वैराग्य-चिन्तन : अनित्यानुप्रेक्षा-ध्यान-

सिसुत्तण णासइ जोव्वण तीरि सुणासइ जोव्वणु बिद्धसरीरि ॥
सुपक्क-फलोवमु परिकमणिट्ठु सुदेहु तडिव्व खणेण पणट्ठु ॥
सुजु णहं सव्व विहट्टिय बंधु अणिट्ठि दुगंधु विणासइ खंधु ॥
बहुव्विह कोडयविंदु णिवासु सुरेस-धणुव्व खणेक्क वियासु ॥
पुरीस-णिहाणु सरोयहँ गेहु सवंत-दुवार मलीमसु देहु ॥
पलट्ठिय चम्म किमीवरु कुंडु सो पूइतलाइय सोणिय मंडु ॥
असार-घिणावणु णिच्च अणिट्ठु सुइंदिय सुक्खहिं लंपडु धिट्ठु ॥
सु अंतह पोट्टलु चम्महिं छण्णु दुहायरु काल-कयंत पवण्णु ॥

घत्ता- *देह जि एण असारें अविणयगारें जं पीडियउ सहोयरु॥*
तें पच्छित्तु करिव्वउ गइं सोहिव्वउ होइवि तवहि कयायरु॥१६ ॥

३/१६

यौवन के निकट आने पर शिशुपना मिट जाता है। वृद्ध शरीर होने पर यौवन नष्ट हो जाता है। परिकर्मनिष्ठ-सौन्दर्य सुपक्क फल के समान है। सुन्दर देह बिजली की चमक के समान क्षणभंगुर है। जिसप्रकार सूर्य आकाश में एक दिशा से अन्य दिशा में चला जाता है, ठीक उसीप्रकार बन्धुजन भी विघटित हो जाते हैं। अनिष्ट दुर्गन्ध सब स्कन्ध को बिगाड़ देती है। बहुत प्रकार के निवास (जन्म) ओस बूंद के समान है। इंद्र धनुष की तरह वे क्षणेक प्रकाश करते हैं। यह शरीर कीटकवृंद का निवासभूत है। यह देह इंद्रधनुष की तरह क्षणेक प्रकाश रूप है। यह देह रोगों का घर है; पुरीष का निधान (मल का भंडार) है। यह देह बहते हुए द्वारों से मलीमस है। चर्म लपेटी यह देह कृमियों का कुण्ड है। सो वह देह सड़ी मलादिक रूप शोणित (खून) से भरी है। यह देह असार है, घिनावनी है, नित्य ही अनिष्ट है, सुइंद्रिय सुखों का लंपटी है, धीठ है। अंतडियों की पोटली है, चर्म से ढँकी है, दु:खों का घर है कालकृत अंत को प्राप्त होता है।

घत्ता- *अविनय के स्थान, असार इस देह से जो मैंने अपने भाई को पीड़ा दी है। सो अब उसका प्रायश्चित करना चाहिये। गति को सुधारना चाहिये। तप में आदर करना चाहिये ॥१६ ॥*

३/१७

चक्री भरतेश्वर से कुमार बाहुबलि की विनम्र क्षमा-याचना तथा सुराज्य-संचालन के लिये प्रदत्त मंगलकामनाएँ-

----

भो रायराएस मम खमहु अवराहु जं कियउ मइँ विहिउ मणदप्पकयबाहु ॥
जं कडुव-सरु भणिउ मइँ देव अणिबद्धु अविवेय बुद्धीए वावरिय अविसुद्धु ॥
पायग्ग फंसियउ भुय-जुएण पेल्लियउ मुट्ठी पहारेण णिट्ठुरेण सल्लियउ ॥
तं मज्झु निव खमहिं परिचयहि सुविरोहु विहुलोय सुविरुद्ध मा कुणहि ॥
मणि कोहु जिणणाहु समसरणि हउँ जामि कयहिट्ठिमहु सरणु इह जम्मि णियमेण परमेट्ठि ॥
महिवलइँ तुहँ पुज्ज करि एत्थु णियरज्जु मण इंछ कय पुण्ण भुंजेहि सुमणोज्जु ॥
भुयवलिहिं महु सुयहु दंसेहि अहिलासु पय सयल रंजेहिं णिवणीइ सविलासु ॥
तं सुणिवि चक्केसु जंपेइ सुविसण्णु महु रज्ज ण सुहाइ परिहवेण संपुण्णु ॥

घत्ता- *सुरासुर-णरा णियंतहँ समरु कुणंतहँ पइँ जित्तउ मइँ हारियउ।*
हउँ गिण्हमि तपभरु भवसंतइहरु णीइमग्गु सुवियारियउ ॥१७॥

३/१७

हे राजराजेश, मैंने जो अपराध किया है, उसे क्षमा कर दें। मैंने अपने मन में दर्प करके जो बाधा पहुँचाई है। हे देव, मैंने जो असंबद्ध-कडुवे स्वर शब्द कहे हैं तथा अविवेक पूर्ण बुद्धि से मैंने अशुद्ध आचरण किया है। पादाग्र का स्पर्श कर दोनों भुजाओं से पेले (धक्का दिया है) हैं। निष्ठुर मुष्टि-प्रहार से जो मैंने आपको कष्ट दिया है। उस अपराध को वमन करो, छोड़ दो, क्षमा करो। दोनों लोकों में विरुद्ध (विरोध) बैर (द्वेष) मत करो। मन में अत्यन्त क्रोध (क्षोभ) है। जिननाथ के समवसरण में मैं नीचा मुख करके जाता हूँ। इस जन्म में मेरे लिये शरण रूप नियम से परमेष्ठी ही हैं। इस महीवलय-भूमंडल में तुम पूज्य हो। सो अब यहाँ अपना राज्य करो। पुण्यकर मनोज्ञ (मनोवांछित) भोग भोगो। इस भुजबली को दिलाशा देकर विलास-क्रीड़ा सहित राजनीति के द्वारा सकल प्रजा को प्रसन्न करो। बाहुबलि के इस कथन को सुनकर विषण्ण (उदास) चक्रेश भरत बोले कि- परिभव (तिरस्कार) से पूर्ण यह राज्य अब मुझे नहीं सुहाता है।

घत्ता- *सुर-असुर मनुष्यों के देखते हुए युद्ध करने वाले हम दोनों भाईयों में से आप ही जीते और मैं हारा। अब मैं भव-संतति के हरने वाले तप-भार को ग्रहण करूँगा। अब मैंने यही नीति-मार्ग विचारा है ॥१७॥*

३/१८

दोनों भाईयों का ह्रदय-परिवर्तन। परस्पर में उन दोनों में एक दूसरे को महान् मानने की होड़ लगने लगी-

----

मेरुहु समाणु इह मेरु णत्थि अइरावहु करि समु दंति णत्थि॥
खीरंबुहि समु जलु णउँ समुद्दि चक्कवइ सरिसु सु को णिउ जसद्दि॥
सो हउँ पइँ इह जित्तउ खणेण डिंभुव वाणिउ गयणंगणेण॥
तुव सरिसु ण वीयउ को वि एत्थु किं करइ चक्कु आहव समत्थु॥
तुहुँ एक्कु जयम्मि सु अत्थि पुज्जु लइ चलहु अउज्झहिं देमि रज्जु॥
णवणिहिं चउदह रयणाइँ लेहि रविकित्तिकुमारहु आण देहि॥
तं णिसुणिवि जंपइ कामएउ सिरिणाहिरायकुलभवणकेउ॥
छंडेहि गाहु लइ णिय धरत्ति को परिहउ महु तुह सहु सुसत्ति॥
दुइ णयणइँ मुहु एक्कु जि णिरुत्तु कहव ण भिण्णत्तणु तहँ पउत्तु॥
पइँ वालभावि हउँ कीलमाणु पुणु-पुणु उच्चाइउ करिवि पाणु॥

३/१८

मेरु पर्वत के समान दूसरा कोई मेरु पर्वत नहीं है। ऐरावत हाथी के समान अन्य दूसरा हाथी नहीं है। क्षीर-समुद्र के समान जल वाला कोई दूसरा समुद्र नहीं है। यशोराशि चक्रवर्ती के समान अन्य दूसरा कोई राजा नहीं हैं। अत: मैं यहाँ क्षणभर में ही आपके द्वारा जीत लिया गया। अब मैं गगणांगण में शिशु के समान बना दिया गया हूँ। यहाँ अब सचमुच ही हे भाई, तुम्हारे समान कोई दूसरा नहीं है। युद्ध में समर्थ इस चक्र से अब क्या करना है?

अकेले तुमही इस जगत में पूज्य हो; अत: अब शीघ्र ही अपने घर-अयोध्या को चलो। मैं सब राज्य देता हूँ। नव-निधियाँ और चौदह रत्न भी लीजिये। मैं अपने रविकीर्ति (अर्ककीर्ति) कुमार की आन-शपथ देता हूँ।

उसको सुनकर कामदेव बाहुबलि बोले-तुम श्री नाभिराज कुल-भवन की केतु-पताका हो। उदासी को छोड़ो। अपनी भूमि राज्य को लो। हम तुम, दोनों शक्तिमान् हैं, सो हम से तुम्हारा कौन सा परिभव-(तिरस्कार, है? दो-दो नेत्र तथा दो-दो मुख होने पर भी हम दोनों एक ही कहे जाते हैं। हम दोनों में भिन्नपना है, यह किसी प्रकार भी मत कहिये। आपने मुझे बालपने में खिलाया है और

करियलि धरि पाडिउ बार-बार महियलि खित्तउ पुणु बार-बार॥
ताडिउ कर-मुट्ठिहिं बार-बार चरणहिं पेल्लिउ पुणु बार-बार॥।
पुणु भासियउ अणिट्ठउ बार-बार किं किज्जइ परिहसि एच्छु सार॥

घत्ता- *अम्हहँ तुम्हहँ पुणुउ को आहउ सुणु कवणु पराहउ भाय इह॥*
हउँ भवहु विरत्तहु दोसें जुत्तउ तुव पडिकूलउ रहमि किह॥१८॥

३/१९

वे दोनों भाई नि कपट-भाव से एक दूसरे के सद्गुणों का प्रशस्ति-गान करते हैं-

----

चक्कं मज्झु जि पच्चउ दाविउ तुव होंतउ जिं महु करि आविउ॥
राजहु लोहें बंधु हणिज्जइ तिं कारणि जणणु जि मारिज्जइ॥
सो वि ण कासु वि थिरु दीसइ तणु पल्लट्टइ खणि जिहँ जूवा-धणु॥
भणइ चक्कि ता भो चूडामणि मइँ मुएवि णउँ कुवि हीणउ जणि॥
बंधव सयल भवहु वण पेसिय मइँ अवजसेण धरत्ति विहूसिय॥
कामएउ पुणु तहु आहासइ कासु करे सुरगणु जि पयासइ॥
वसह गिरिंद णामु संलिहियउ पइँ सिरिरिसहेसवंसु थिरु विहियउ॥

पुनः-पुनः अपने हाथों द्वारा ऊपर उठाया है। करतल से बार-बार मुझे भूमि में पाड़ा है। पुनः बार-बार इसी महीतल में मेरा क्षेपण भी किया है। कर-मुट्ठियों से बार-बार ताड़न भी किया है। पुनः बार-बार चरणों से पेला है। पुनः बार-बार अनिष्ट भी कहा है। अब यहाँ परिहास क्या करना?

घत्ता- *हमारा-तुम्हारा युद्ध क्या है और हे भाई सुनिये, यहाँ पराभव भी क्या है? मैं भव से विरक्त हूँ। दोषों से युक्त आपके प्रतिकूल कैसे रहूँ? ॥१८॥*

३/१९

इस चक्र ने मुझे प्रत्यय(सहारा) दिया है। तुम्हारे होते हुए मेरे कर में वह आ गया है। राज्य के लोभ में बंधु को भी मार देते हैं। राज्य के कारण पिता भी मारा जाता है। वह राज्य, धन, शरीरादि कुछ भी स्थिर नहीं दिखाई देता है। जैसे जुँआ खेलने पर धन पलटता है, ठीक उसीप्रकार यह राज्य क्षणभर में ही पलट जाता है

बाहुबलि कुमार का यह कथन सुनकर चक्रवर्ती भरत बोले कि- हे चूड़ामणि, मुझे छोड़कर जगत् में कोई हीन निकृष्ट मनुष्य नहीं है। जिसने सकल बंधु-जनों को वन में भेज दिया। मैंने अपयश से इस भूमि को भर दिया है। भरतेश्वर के दीन-वचन

तुहुँ तेसट्ठि-पुरिस मज्झहँ वरु वरु तुहुँ सलाय-पुरिसु जिं पुहईसरु॥

घत्ता- *ता भणइँ णरेसरु अरितमणेसरु जइ णउँ रज्जु पडिच्छहिं॥*
ता जुयरायत्तणु सव्वहियत्तणु मणहिं भायर अच्छहिं॥१९॥

३/२०

कुमार बाहुबलि सांसारिक मोह-ममता का सर्वथा त्यागकर वृषभदेव के समवसरण में जाकर, दीक्षा लेकर कठोर मुनिचर्या में संलग्न हो जाते हैं-

----

ता भणइ कामु जिण-पायमूलि भव-विसहर-विस णिद्दलण मूलि॥
वउ धारमि छिंदमि मोह-पासु जाहु वंछमि सासय-णिवासु॥
दिढु मणि वि वासु वइराय-भाउ ता मंतिहिं भासिउ पुहमि राउ॥
चरमंगउ सासय-णयर-गामि पाविवि णिमित्तु णिव्विण्णु सामि॥
मेलहि पहु जाउ कुमार सज्जु लहु करउ वीरु अप्पणउ कज्जु॥
तं णिसुणिवि मउणें राउ थक्कु सुणिवारउ तिव्वु जि मोहचक्कु॥
गउ उज्झाउ णिहिणरेसु पत्तु णिय भाय विओय मिलाणवत्तु॥
एत्तहिं वि खमाविवि खमिवि कामु णिय पुत्तहु देप्पिणु पुहइ ठामु॥

सुनकर कामदेव बाहुबलिकुमार पुनः बोले-ये देवगण किस के हाथ में प्रकाशते हैं-रहते हैं? वृषभगिरिन्द्र पर नाम किसने लिखा?आपने तो श्री वृषभेश के वंश को स्थिर किया है। आप तो त्रेसठ शलाका पुरुषों के मध्य में श्रेष्ठ हो। आप पृथिवीश्वर हो, शलाका पुरुष हो।

घत्ता- *शत्रुरूपी अन्धकार के लिये सूर्य के समान नरेश्वर भरत अपने भाई कामेश्वर बाहुबलि से बोले कि- आप यदि यह राज्य नहीं चाहते, तो हे भाई, सभी के हृदयों को प्रिय लगने वाले युवराज-पद को अपने मन से स्वीकार कीजिये॥१९॥*

३/२०

(अपने भाई भरतेश्वर का कथन सुनकर-) कामदेव-बाहुबलि कुमार ने अपने उत्तर में कहा-अब मैं भव-विष (मोह) के हरने वाले जिनेन्द्र के पाद-मूल में जाकर विषय-भोग रूपी विष को जड़-मूल से नष्ट कर देने वाले व्रत को धारण करूँगा और मोह-पाश को छेदूँगा क्योंकि अब मैं शाश्वत-निवास (मोक्ष) को चाहता हूँ। मेरे मन में निश्चय ही दृढ़ वैराग्य-भाव छा गया है।

यह सुनकर मंत्रियों ने परस्पर में विचार-विमर्श किया कि- ये चरम-शरीरी स्वामी (बाहुबलि) शाश्वत-नगर-मोक्ष को जाने वाले हैं। निमित्त पाकर विरक्त

गउ समवसरणि णिव्विण्ण-चित्तु	तिपयाहिण देप्पिणु जिणु पवित्तु ॥
वंदिवि बहु थोत्तु करेवि तेण	धारियइ महावय पावणेण ॥
मुणि पंचसमिदि पालइ समत्थु	अणुसरइ पंच-णिग्गंथ-पंथु ॥
सुझाउ पंचविह पावहारि	परिसोसइ अहणिसु तव विहारि ॥
हिमपडलें छाइय देहकंति	अहिगणु तहु तणु सेयहु लिहंति ॥
इय उग्गु महातउ तवइ जाम	भरहें पुच्छिउ जिणणाहु ताम ॥

घत्ता- *दुहु-सुहु सम मण्णइँ तणु अवगण्णइँ विसम परीसह सहइ वणें ॥*
परधणु ण समीहइ मोक्खहु ईहइ राउ वि रोसु ण धरइ मणें ॥२० ॥

हुए हैं। अत: उन्होंने (मन्त्रियों ने) पृथिवीराज बाहुबलि से निवेदन किया है कि- हे कुमार, हे वीर, आप सद्य: (तत्काल) ही जावें और प्रभु (वृषभदेव) से मिलें (दर्शन करें) तथा शीघ्र ही अपने आत्म-कल्याण का कार्य करें। मन्त्रियों की यह प्रार्थना सुनकर मौन पूर्वक बैठे हुए राजा (बाहुबलि) ने मोह-चक्र का निवारण किया।

परिस्थिति का संज्ञान लेकर अपने भाई (बाहुबलि) के वैराग्य-जन्य वियोग के कारण म्लान-मुख होकर वे निधि-नरेश भरतेश्वर अपने घर-अयोध्या को लौट आए। और उधर, कामदेव बाहुबलिकुमार ने शुद्ध मन से सबसे क्षमा कराकर तथा स्वयं भी सबको क्षमा कर अपना राज्य अपने पुत्र को सौंप दिया और वैराग्य चित्त पूर्वक (पिता वृषभदेव के) समवसरण में पहुँचे। वहाँ जिनेन्द्रदेव की तीन प्रदक्षिणाएँ देकर उनकी वन्दना की। विविध स्तोत्रों द्वारा स्तुति कर उस पवित्रात्मा कामदेव-बाहुबलि ने पंच महाव्रतों को धारण कर निर्दोष रूप से पालन किया। इसप्रकार समर्थ महाव्रती (बाहुबलि) ने पाँच समितियों का पालन करते हुए पाँच इन्द्रियों एवं मन पर विजय प्राप्तकर निर्ग्रन्थ-पथ का अनुसरण किया। उन्होंने पाँच प्रकार का पापहारी स्वाध्याय किया (अथवा पंच परमेष्ठी का ध्यान किया) अहर्निश तपस्या कर कषायों एवं शरीर का शोषण किया। इसप्रकार हिम-पटल के द्वारा उनके शरीर की कान्ति ढँक गई और सर्प-समूह उनके शरीर का सेवन करने लगे। इसप्रकार जब वे (बाहुबलि) उग्र-महातप कर रहे थे, तभी चक्रवर्ती भरत ने समवसरण में पहुँचकर जिननाथ (ऋषभदेव) से पूछा-

घत्ता- *जब तपस्वी बाहुबलि सुख-दु:ख को सम मानते हैं, शरीर को तुच्छ मानते हैं, गहन-वन मे घोर परीषहों को सह रहे हैं, पर-धन (राज्यादि) को नहीं चाहते हैं, अपने मन में किसी के भी प्रति राग-द्वेष भी नहीं रखते है और वे केवल मोक्ष-प्राप्ति की ही कामना करते हैं। तथा- ॥२० ॥*

३/२१

एकवर्ष तक लगातार योग-मुद्रा में समाधिस्थ कुमार बाहुबलि को मान-काय के कारण जब केवलज्ञान उत्पन्न न हुआ तब चक्री भरतेश्वर ने उन्हें उसका कारण समझाया। तत्पश्चात् वे केवलज्ञानी हो गये-

----

जोएँ वरिसु एक्कु थिउ अवियलु अज्जव किं ण उवज्जइ केवलु॥
तं णिसुणेप्पिणु अरुहु पयंपइ माण-कसाउ पवट्टइ संपइ॥
तिं णउँ केवलणाणु उपज्जइ बाहुबलिहुँ णिबज्झ जाणिज्जइ॥
तं णिसुणिवि गउ राणउँ तेत्तहिं झाणि ट्ठिउ अणंगु मुणि जेत्तहिं॥
राएँ पणवेप्पिणु संजमधरु पभणिउँ वत्थु-सरूव सयलु परु॥
तुज्झु समाहिमाण-भरु णट्ठउ पइँ मुएवि को भुवणि गरिट्ठउ॥
एह वसुंधर कासु न केरी गय अणंत णिव भासिय मेरी॥
रायहु महुरालाव सुणेप्पिणु माण-कसाउ खणेण हणेप्पिणु॥

३/२१

(वृषभदेव के समवसरण में चक्रवर्ती भरतेश्वर ने पुनः प्रश्न किया कि-) अविचल-योग में स्थित हुए इन बाहुबलि को एक वर्ष बीत गया फिर भी उन्हें आज तक केवलज्ञान उत्पन्न क्यों नहीं हुआ? भरतेश्वर का यह प्रश्न सुनकर अर्हत् वृषभ-जिनेन्द्र ने बतलाया कि अभी तक उनकी मान-कषाय (अहंकार) नष्ट नहीं हुई है, इसी कारण उन्हें केवलज्ञान उत्पन्न नहीं हुआ है। उन्हें इस समय निबद्ध-कषाय से युक्त जानो (समझो)। यह सुनकर राजा भरत वहाँ गये जहाँ अनंगकुमार-बाहुबलि ध्यान में स्थित थे। उन्होंने लोक के समस्त वस्तु स्वरूप को जानने वाले संयमधारी उनको प्रणाम कर कहा- आपने अपने ध्यान से मान के भार को नष्ट कर दिया है, आपको छोड़कर इस लोक में महान् और कौन हो सकता है? यह वसुन्धरा न तो किसी की हुई है और न ही किसी की होगी। मेरी-मेरी कहते हुए अनन्त राजागण कूच कर गये, यह सर्वविदित ही है।

भरतेश्वर के इसप्रकार के मधुर-वचन सुनकर अनंग-बाहुबलि ने अपनी मान-कषाय को तत्काल ही नष्ट किया, चार घातिया-कर्मों को भी नष्ट किया और तभी उन्हें सकल-निर्मल केवलज्ञान उत्पन्न हो गया।

यह ज्ञात कर तत्काल ही वहाँ सभी प्रकार के सुर-असुर उपस्थित हो गये। उन्होंने अनुराग भरी भक्ति पूर्वक उन केवलज्ञानी प्रभु बाहुबलि के चरण-कमलों की वन्दना (अर्चा) की। तत्पश्चात् उन्हें प्रणामकर पवित्र हृदय होकर वे भरतेश्वर अपने

घाइ चउक्क विणासें केवलु णाणुप्पण्णउँ तहुँ सयलामलु ॥
तक्खणि सयल सुरासुर आइय वंदिउ केवलि-पय अणुराइय॥
भरहेसरु पणविवि घरि पत्तउ रज्जु करइ सो घलि मलि घत्तउ॥

घत्ता- *रइ धम्मिवि जइ एत्थु महि खेमें लब्भइ सुगइ जिहा॥*
इय भासंतउ भरहेसु ठिउ अणुहवंतु सुक्खइँ वि विविहा॥२१॥

पुष्पिका

इय रिसहपुत्त भरहबाहुबलिचरिए आइपुराणस्स सुत्त-अणुसरिए, सिरि महाभव्व खेमसीहसाहुणामंकिए बाहुबली केवलु-उप्पत्तिणाम,तइयो संधी परिच्छेउ सम्मत्तो। सधि-५॥ छ॥ तृतीय संधि समाप्तम्॥

इत्याशीर्वादः

रत्नाश्रयोऽपि जडसंग्रहणेन रिक्तः श्रीमान् हरिर्न धवलांगहली न मोही॥
सत्पादपः किमु व नित्यफलैः सुरिद्धः सो नंदतादयमनर्घ्यपुमान् क्षेमः॥छ॥

गृह-नगर अयोध्या वापिस लौट आए और राज्य कार्यो में व्यस्त हो गये।

घत्ता- *इस संसार में किसी की यदि धर्म के प्रति रुचि है, तो उसे सुगति मिलेगी ही। यह कहते हुए वे भरतेश्वर विविध प्रकार के सुखों का अनुभव करते हुए समय व्यतीत करने लगे॥२१॥*

पुष्पिका- *इसप्रकार आदिपुराण के सूत्र के अनुसार श्री महाभव्य खेमसिंह साहू के नाम से अंकित (लिखित) इस ऋषभपुत्र भरत-बाहुबलि चरित नामक ग्रन्थ में बाहुबलि के लिये केवलज्ञान की प्राप्ति सम्बन्धी वर्णन करने वाला तीसरीं सन्धि-परिच्छेद समाप्त हुआ।*

॥ सन्धि-3॥ छ॥

इत्याशीर्वाद-

रत्नाश्रयोऽपि जड़संग्रहेन रिक्त :-

प्रस्तुत ग्रन्थ का प्रेरक साहू क्षेमसिंह (खेमसिंह) रत्नों का आश्रय होते हुए भी जड़ के संग्रह से शून्य है। यह (श्लेषात्मक) विरोध है, क्योंकि जो आश्रयभूत रत्न हैं, वे जड़ ही हैं। उसका (श्लेषात्मक) परिहार यह है कि वह साहु सम्यग्दर्शनादि रत्नों का आश्रय है और आत्मगुण रूपी रत्नों के अतिरिक्त जड़ रूप रत्नों का वह संग्रह-परिग्रह नहीं करता है, बल्कि वह क्षेम उन्हें सुपात्रों को दान कर देता है।

श्रीमान् हरिर्न-

वह साहू क्षेमसिंह (खेमसिंह) श्रीमान् है अर्थात् लक्ष्मी-सम्पन्न है किन्तु वह

हरि–नारायण नहीं है। यह (श्लेशात्मक–) विरोध है क्योंकि हरि–नारायण–विष्णु की पत्नी का नाम लक्ष्मी है और वे लक्ष्मी सहित हैं इसीलिये वे विष्णु हैं। इसका (श्लेषात्मक–) परिहार यह है कि वह साहू आत्म–गुण रूपी लक्ष्मी से युक्त है, इसीलिये वह हरि–नारायण–विष्णु नहीं है।

धवलांगहली न मोही–

वह साहू धवलांग–हली था अर्थात् धवल–शरीरी हली–बलदेव है, किन्तु मोही नहीं है। यह (श्लेषात्मक–) विरोध है, क्योंकि आगमों के अनुसार कृष्ण के बड़े भाई–बलदेव का अपने छोटे भाई नारायण–कृष्ण से महान् मोह था। उसका (श्लेषात्मक–) परिहार यह है कि वह साहू क्षेमसिंह (खेमसिंह) धवल शरीरी, गौरवर्ण का हली है अर्थात् हलयुक्त है अर्थात् कृषिकार्य करने/कराने वाला था, किन्तु मोही नहीं है, निस्पृही है। ऐसे ग्रन्थ

प्रेरक साहू क्षेमसिंह को आशीर्वाद।

सत्पादप : किमुव नित्यफलैः सुरि : –

अर्थात् वह साहू क्षेमसिंह (खेमसिंह) सत्पादप–उत्तम वृक्ष है और निरन्तर फलों से समृद्ध है । यह (श्लेशात्मक–) विरोध है क्योंकि जो वृक्ष होगा, वह तो ऋतुकाल में ही समृद्ध होता है, अतिरिक्त ऋतुओं में वह समृद्ध नहीं होता। इसका (श्लेशात्मक–) परिहार यह है कि वह साहू (क्षेमसिंह) साधु–सन्तों के लिये शीतल छाया के विश्राम–स्थल रूपी सघन वृक्ष और सुन्दर फलों को देने वाला था। ऐसा–

सो नन्दताद्‌यमनर्ध्य पुमान् क्षेमः –

वह साहू क्षेमसिंह (खेमसिंह) अनर्घ्य अमूल्य है, अनुपम है। उसके समान अन्य साहित्य–रसिक एवं उदार–हृदय साहू अन्यत्र दुर्लभ है। सचमुच ही वह क्षेमसिंह साहू अद्‌भुत पुरुष है। वह निरन्तर ही आनन्दित बना रहें। उसे हमारे (ग्रन्थकार रइधू का) शुभाशीर्वाद।

❀❀❀

शब्दानुक्रमणिका

अइ- अति (१/७/१)
अइपवल- अतिप्रबल (१/४/८)
अइमूढु- अतिमूढ (१/१४/२)
अइरावह-ऐरावत (३/१८/१)
अउज्झहिं-अयोध्या (१/१४/१६)
अंकुर-फल (१/१/१२)
अंतराउ-अन्तराय कर्म (१/८/९)
अंतह- अंतडियाँ (३/१६/८)
अक्कु-सूर्य (१/१/८)
अक्खोहिणी-अक्षौहिणी सेना (३/२/१५)
अग्घावलि-अर्घावलि (२/२/१०)
अच्चेवि-अर्चनाकर (२/१/१)
अच्छासिउ-अस्ताचल (२/१/८)
अजसु-अयश (१/१४/६)
अज्जखंड-आर्यखंड (२/१/६)
अज्जें-घी (३/११/२)
अट्टझाणु-आर्त्तध्यान (१/७/३)
अट्ठावीस-अट्ठाबीस (१/८/५)
अणंग-कामदेव (२/२२/१)
अणंग-कामदेव-बाहुवली (३/७/१३)
अणंताणंत-अनन्तानन्त (१/५/८)
अणिंद-अनिन्द्य (१/१/९)
अणिच्च-अनित्य (१/११/७)
अणिट्ठ-अनिष्ट (१/७/१)
अणिमा-अणिमा ऋद्धि (२/१०/२)
अणीउ-अनीक सेना (३/२/१४)
अणुक्कम-अनुक्रम (वंश परम्परा) (२/२४/१७)
अदलिद्द-अदरि द्र (२/४/१२)
अपदेस-अप्रदेश (१/१०/१३)
अपवग्ग-मोक्ष (१/२/३)
अप्परिणामी-अपरिणामी (१/१०/२)
अफंसु-स्पर्श नहीं करने वाला (१/२/११)
अमर-देव (२/२/५)
अमियासउ-अमृताशी देव (२/५/४)
अमोह-अमोघ (२/१/१६)
अरविंद- शत्रुसमूह (१/४/३)
अरुह- अरहंत (१/२/९)
अलहमाणु- (१/१३/७)
अल्लोयायासु-अलोकाकाश (१/९/१२)
अवयासु- अवकाश (१/११/१)
अवरुंडि- (१/४/१५)
अवियलु- अविचल (३/२१/१)
अविणस्सयरु-अविनश्वर (१/५/८)
असक्क-असमर्थ (१/३१/१०)
असव्व- असर्वगत (१/१२/१०)
असि-तलवार (१/८/४)
अहर- अधर, औंठ (३/१/३), (३/२/४)
अहिभूय-अभिभूत (१/१२/७)
अहिमाण-अभिमान (२/२/६)
आउह-आयुध (शस्त्र) (३/४/१७)
आउहसाला-आयुधशाला (१/१/८)
आयवत्तु- आतपत्र (१/३/१)
आयासु- आकाश (१/५/७)
आरुंधिवि-रोककर, घेरकर (२/४/८)
आवत्त-आवर्त्त नामका म्लेच्छ राजा (२/७/८)
इंगाल-अंगारा (२/२२/११)
इंद-दिसइ- पूर्वदिशा(२/१/५)
इंद- इन्द्र (१/३/४), (२/२०/४)
इक्कोयर- एकोदर, सहोदर (२/१४/१२)
इक्खायवंसु- इक्ष्वाकुवंश (१/१/६), (२/३/९)
इट्ठविओय-इष्टवियोग (१/७/१)
उग्गाडहि- उघाडना (२/५/१०)
उज्जोय- उद्योत (१/९/२)
उज्झाउरि-अयोध्यापुरि (१/१/२)
उदय-उदित (१/१/८)
उप्पण्ण-उत्पन्न (१/१/४), (१/४/१)

उप्पाद–उत्पाद (१/9/१४)
उययदिद–उदयाचल (३/9/७)
उवओग–उपयोग (१/७/१२)
उवओयमया–उपयोगमया (१/५/१०)
उवहि–उपधि (२/२१/६)
उवाउ–उपाय (२/६/७)
उववीउ–जनेऊ (२/१७/८)
कइरव–कैरव, कुमुद (१/३/६)
कइलास– कैलाश । पर्वत (२/१२/9)
कंचण– स्वर्ण (१/२/७)
कंचुव– लंगोटी (३/१०/9)
कंठीरउ– कण्ठीरउ–सिंह (२/२२/१३)
कंडु– वाण (२/१/१७)
कंदप्प–कन्दर्प (बाहुवली) (३/१२/५)
कडप्पिउ–कम्पायमान (२/१/१५)
कणयदिद–कनकाद्रि (सुमेरु पर्वत) (३/६/४)
कत्तार–कर्त्तार (१/५/१२)
कदाइँ–कभी भी (१/१२/१२)
कप्पर–कचरा, कूडा (२/२४/१३)
कप्पूर–कर्पूर (२/१२/२)
कम्मसरीर– कार्माण शरीर (१/६/१)
कयंत–कृतान्त (३/१४/७)
करह– ऊँट (२/७/१)
करिवर–गज, हाथी (२/८/१)
करु– कर (टैक्स) (३/१४/१७)
कलकलयलु–कलकलध्वनि (२/४/१)
कलत्त– कलत्र, महिला (१/१/१२)
कवण– कौन (२/१४/१२)
कबल–कौर, खाने का कौर (२/२/२)
कवाड–कपाट (२/११/६)
कव्व–काव्य (१/२/८)
कस–कशा, चाबुक (२/५/१६)
कसमसंति– कसमसाना (१/४/१०)
कसिहि– कसौटी (२/२२/४)
कागिणि– कागणी मणि (२/६/५)
काणण– वन, जंगल (२/४/८)
काम–कामदेव (बाहुबलि) (३/२/१६)
कामया– प्रसन्न (२/9/१४)
कामयेउ– कामदेव (२/१३/५)
काय– काय (अस्तिकाय) (१/१०/१२)
कालंकुर– काल के अंकुर (३/१०/१३)
काल– कालद्रव्य (१/9/१०), (१/१०/१३)
कालाणिल–कालवायु (मरण) (२/१/२२)
किंकर– सेवक (१/१/११)
किमी–कृमि (३/१६/६)
कियत्थु–कृतार्थ (२/३/४)
किलीउ–नपुंसक (१/१३/७)
कुंड–कुण्ड (३/१६/६)
कुंभयारू–कुम्भकार (१/३/८)
कुच्छिय– कुत्सित (१/६/८)
कुणय–कुनय (१/७/१०)
कुरंग– मृग, हरिण (२/२२/३)
कुरुजांगल–कुरुजांगल देश (१/२/८)
कुरुवंस– कुरुवंश (१/४/३)
कुलकमल–कुलरूपी कमल (१/१/६)
कुलमंडण–कुलमण्डन (१/४/२)
कुलयर–कुलकर (१/१/१३)
कुवलंय–कुमुद(२/८/१०)
कुसुमदाम–पुष्पमाला (२/9/१३)
केउ–केतु (ध्वजा) (२/१३/३), (३/१८/७)
केय–केतु (ध्वजा) (१/४/८)
केवल–केवलज्ञान (१/१/४), (१/४/२)
केवलणाण– केवलज्ञान (३/२१/८)
केसरि–सिंह (२/८/११), (२/१६/१)
कोदंडु–धनुष (२/१/१२), (३/१२/४)
कोह–क्रोध (१/१४/७)
खंधावारहिं–स्कन्धावार (३/५/४)
खज्जोउ–जुगनू (२/२२/१२)
खणेण– क्षणभर में (१/३/१२)
खयर– विद्याधर (२/२/५)
खलकुकम्म– खलकर्म, बुरेकर्म (१/२/१०)
खलवंत–खलवान, खल आदि पोषक द्रव्य (१/२/१०)
खित्तउ–क्षेपण (३/१३/११)

खीर- क्षीर, दूध (१/२/२), (२/१9/११), (२/२४/७)
खीरंखुहि- क्षीरसमुद्र (३/१८/२)
खीरोवहि- क्षीरसमुद्र (२/२४/७)
खेउ- क्षेम (२/१9/१४)
खेत- क्षेत्र (१/११/२)
गंगादेवी- गंगादेवी (२/११/७)
गंगासायर- गंगासागर (२/१/६)
गंजिय- मर्दन करना (२/३/२)
गंठि- गाँठ (३/१0/9)
गंध- गन्ध (१/१४/६)
गज्जंति- गरजना (२/८/२)
गणहर- गणधर (१/१/१)
गब्भ- गर्भ (२/६/१३)
गम्म- गुल्म (सेना के भेद) (३/२/२)
गय- हाथी (१/१/११)
गयउर- गजपुर (१/२/१३)
गयकिरिय- गज क्रिया (१/११/५)
गयण- आकाश (१/२/१६)
गरलणालए- विष की ज्वाला (२/७/११)
गरिट्ठ- गरिष्ठ (१/२/२)
गरुड- गरुड़ (२/२/८)
गारुड- गरुड़ (२/२/८)
गिद्ध- गृद्ध पक्षी (३/२/६)
गिरीसु- सुमेरु पर्वत (३/८/४)
गिलण- निगल जाना (२/५/२३)
गुज्झ- गुप्त (२/६/१0)
गुण- गुणस्थान (३/४/८)
गुण- डोरी (३/१२/४)
गुणजुत्तइँ-गुणयुक्त (१/१/१२)
गुणासिउ-गुणाधार ()
गुह-गुफा (२/५/१५)
गोउलि- गोकुल (२/४/५)
गोरस- दूध, दही, घी (१/२/८)
गोवह- गो समूह (२/४/५)
घडयडंति- घड़घड़ाना (ध्वन्यात्मक शब्द) (२/८/२)
घण- मेघ (१/८/१०)
घाउ- घात (३/१४/८)
घाएँ-घात (२/५/१६)
चइवि- त्यागकर (१/४/५)
चउतीस- चौंतीस (१/६/५)
चउप्पयार- चतुष्प्रकार (१/८/६)
चंचल- चंचल (१/२/६)
चंडयरूवि- चंडरुचि- सूर्य (२/१/८)
चंदण- चन्दन (२/५/२१)
चंदा- चन्द्रमा (१/२/१४), (२/६/६)
चक्क-चक्ररत्न (१/४/३)
चक्करयणु- चक्ररत्न (२/१/१)
चक्कवइ- चक्रवर्ती (१/५/३)
चक्कु- चक्र (१/१/८)
चक्कवट्टि-चक्रवर्ती (१/१/१३)
चत्तु- तयाग, रहित (१/१/१०)
चम्मु- चमू (सेना की संख्या) (३/२/१४)
चरमंगा- चरमशरीरी (१/१/१४)
चिंतिव्वउ- चिन्तित (१/२/३)
चित्तायार- चित्रकार (१/८/७)
चित्तु- चित्रांकित (२/२/३)
चिलाय- म्लेच्छ राजा का नाम (२/७/८)
चीर- वस्त्र (३/१०/९)
चौदह- चौदह (१/६/१)
छक्खंड- छः खण्ड (२/१४/५)
छत्तइँ- छत्र (१/१/१)
छत्तु- छत्र (२/४/४)
छप्पय- भ्रमर (३/११/८)
छाय- छाया (१/९/२)
छायउ- छाया (१/८/१०)
छुहाउर- क्षुधातुर ()
जईस- यतीश (२/२०/४)
जंबू- जामुन (३/९/७)
जक्खामर- यक्षदेव (१/१/७)
जगि- जगत् (१/११/१६)
जमराणउ- यमराजा (२/१४/१६)
जलाणिहाण- सरोवर (१/३/७)

जलहरुव्व- मेघ के समान (२/१/१५)
जस- यश (१/१४/१६)
जिणणाहु- जिननाथ (३/२०/१४)
जिणहु- जिननाथ (१/२/४)
जीवदव्वु- जीवद्रव्य (१/२/८)
जुवराय- युवराज (३/१९/१०)
जुवा- युवा (३/१९/९)
जोयउ- देखा (२/२/३)
जोह- खोह (३/४/४)
झत्ति- शीघ्र (३/४/८)
झाइव्वउ- ध्यान (१/१३/६)
झुणि-ध्वनि (१/५/७)
टंकारि-टंकार (२/१/१४)
ठायउ- चढाया (२/१/१६)
ठिदि-स्थिति (१/१४/१)
ठिदिकारणु-स्थिति का कारण (१/११/१४)
डंबर-भयानकता (२/९/१)
डिंडिणी-फेन (२/६/९)
डुग्गियाउ-उज्ज्वल (२/६/९)
डोल्लइ- डोलना (३/१/१२)
ढल्ल- ढोल (२/६/१४)
ढोइय-ढोया (२/९/१४)
णई-नदी (२/६/८)
णट्टमाल-नट्टमालदेव (२/२३/७)
णडंति-नाचना (२/४/२)
णमि-विणमि- नमि-विनमि (२/५/३)
णयण-नयन, नेत्र (१/३/२)
णयर-नगर (२/४/६)
णरिंद-नरेन्द्र (१/१/९)
णरेस-राजा (१/४/३)
णवणिहि-नवनिधि (२/४/११)
णवरस-नवरस (१/३/९)
णाडय-नाटक (१/३/९)
णाणावरणी-ज्ञानावरणी (१/८/२)
णाहिकुल-नाभिकुल (२/१९/१४), (३/६/१)
णिउट्ठिउ-विराजमान (२/१२/१०)
णिग्गह- निकली (१/५/७)
णिग्गयाउ- निकलना (२/६/९)
णिग्घोष- निर्घोष (२/६/१६)
णिच्च- नित्य (१/१४/७)
णिच्छएण- निश्चयनय (१/१०/३)
णिणाह- निनाद (२/३/१२)
णिम्मग्ग- निमग्न, जलानदी (२/६/८)
णियडासणु- निकट आसन (२/४/८)
णिरंजण- निरंजन (१/१४/७)
णिव्वाण- निर्वाण (१/२/११)
णिसुणुवि- सुनकर (१/४/१४)
णिसाण- निशान (२/६/१४)
णिसायर- निशाकर (चन्द्रमा) (३/८/९)
णिहुणमइ- निपुणमति (१/५/५)
णीसरिउ- निकलना (२/१/४)
तक्खणि- तत्क्षण (३/२/१०)
तडिप्पिउ- तड़तड़ ध्वनि (२/१/१५)
तडयउ- तड़तड़ की ध्वनि (२/५/१७)
तडयरण-तड़कना (२/८/२)
तडि- तट (२/१/६), (२/४/१)
तडि- बिजली (२/८/२)
तम- तमकर्म (१/९/२)
तरलत्तु- चंचलता (१/३/२)
तरु- वृक्ष (१/२/४)
तरुवर- वृक्ष (१/२/२)
ताडिउ-ताड़ित (३/१८/१२)
तारायणु- तारागण (३/३/८)
ताली- हाथों की ताली (३/१/१९)
तासणु- त्रास देने वाला (२/४/८)
तिखंडावणि- तीन खण्डों वाली भूमि (२/५/७)
तिजयपहु- तिजगत्प्रभु (१/५/४)
तिट्ठालउ- तृष्णा वाला, लोभी (२/२२/१३)
तिण्णि-तीन (१/१/९)
तित्थंकर- तीर्थंकर (२/५/६)
तित्थयर-तीर्थंकर (१/१/१३)
तित्थहु - तीर्थ (१/२/८)

तिपयाहिण-तीन प्रदक्षिणाएँ (१/५/४)
तिप्पइ- तृप्त (२/१५/१)
तिमिर- अंधेरा (२/१०/८)
तिय- त्रिया (२/१/८)
तियरण- त्रिकरण (मन, वचन, काय) (१/२/५)
तिरिय- तिर्यञ्च (१/६/५)
तिलक- तिलक नामका नगर (२/१३/१२)
तिलोय- त्रिलोक (१/१२/८)
तुल्लोल- चंचल (२/६/९)
तेय- तेजस्वी (१/४/८)
तेय- अग्नि (१/६/४), (२/४/४)
तेराणवइ- तेरान्नवे (नाम की प्रकृतियाँ) (१/८/७)
तोडिय- तोड़कर (२/२/१)
तोय- जल (१/६/४)
तोसु- सन्तोष (२/३/१२)
थक्किय-रुकना (२/११/१७)
थक्कु- रुकना (२/११/१२)
थण- स्तन (१/३/२)
थिर- स्थिर (३/७/२)
थुइ- स्तुति (२/९/१४)
थुणेवि- स्तुतिकरके (२/९/१४)
थूल- स्थूल (१/६/२)
थूह- स्तम्भ (२/४/३)
थोत्तु-स्तुति (२/१९/५)
दंडरयणि-दण्डरत्न (२/४/३)
दंडुव्व-दण्ड के समान (२/१/२०)
दंसण-दर्शनावरणी कर्म (१/८/३)
दब्भासणि- दर्भासन (२/१/९)
दरमत्तिलि-दलमले (२/७/१)
दरि-गुफा (२/१२/५)
दव्वाउलु-द्रव्य की आकुलता (२/४/१२)
दाण-दान (१/२/८), (१/३/८)
दारु-द्वार (२/५/१०)
दिग्गय-दिग्गज(२/२२/६)
दिट्ठु-देखा(१/२/२)
दिट्ठि-दृष्टियुद्ध (३/७/२)
दिणिंद-सूर्य (२/२०/२)
दिणिंदा-सूर्य (२/६/६)
दिव्वंवर-दिव्य वस्त्र (२/२/९)
दीउ- दीपक (१/१२/४)
दीवंतर- दीपान्तर (२/४/७)
दीसइ-दिखता है (१/१२/८)
दुंदहि-दुन्दुभि (२/३/१२)
दुज्जण-दुर्जन (२/१/१९)
दुण्णें-दुर्नीति (१/३/११)
दुरया- मदोन्मत्त हाथी (१/४/७)
दुहाई- दुःख (१/१२/६)
दोस-दोष (१/१/१०)
धई- ध्वजा (१/१/१)
धम्म- धर्म (१/१/१२)
धम्मत्थ- धर्मार्थ (१/२/१)
धम्म मग्गु- धर्ममार्ग (१/१२/३)
धणु- धनुष (२/१/१)
धणुद्धर- धनुर्धारी (१/२/७)
धरा- पृथिवी (२/६/१०)
धाम- स्थान (१/२/१)
धुव- ध्रौव्य (१/९/१४)
पउमा- लक्ष्मी (३/९/५)
पएसु- प्रदेश (२/५/१४)
पंचत्थिकाय-पाँच अस्तिकाय (१/१०/९)
पंचधरि- पंचाक्षर (णमोकार मंत्र) (२/१०/२०)
पंचमुहि- सिंह (२/१९/१०)
पंचसवाइय- पाँच सौ पच्चीस धनुष प्रमाण (३/८/९)
पंथा- पथिक (२/८/३)
पंथु- मार्ग (२/८/३)
पग- चरण (१/२/४)
पचक्खाण- प्रत्याख्यान (२/१/९)
पच्चय- प्रत्यय, सहारा (३/१९/१)
पच्चूस- प्रत्यूष (३/१/५)
पज्जाय-पर्याय (४/१७/६)

पट्टण- पट्टन (२/४/६)
पड- पट (परदा) (१/८/२)
पडिंद- प्रतीन्द्र (२/२/४)
पडिहरि- प्रतिनारायण (१/१/१४)
पणवंतु- प्रणाम करते हुये (२/२/१०)
पत्ति-सेनापति (३/२/१०)
पधावइ- दौड़ना (३/१४/८)
पयंगु- चन्द्र (१/३/६)
पयंड- प्रचण्ड (२/५/८)
पयंपहि-बोलो, कहो (२/३/६)
पयजुव- चरण युगल (२/५/३)
पयभत्ति-पदभक्ति (३/३/११)
पयावइ- प्रजापति (२/११/१९)
परक्कु-पराक्रम (३/१३/११)
परम्मुह-परांगमुख (२/२२/४), (३/११/१)
परिक्खहि- परीक्षा (२/२२/४)
परिणमंति-परिणमन (१/१०/१)
परिहा- परिखा (खाई) (१/२/१६)
परोक्ख-परोक्ष (१/२/५)
पलयकाल-प्रलयकाल (२/१/१५)
पल्लाणि- पलान (१/२/६)
पल्लाणिय- पलान बंधवाया (१/४/७)
पवण- पवन, वायु (२/९/१)
पवणासण-सर्प (२/२४/५)
पवि-वज्र, हीरा (३/९/७)
पसट्ठउ- (२/२/९)
पसाउ- प्रसाद (१/४/४)
पहंतर- रास्ता बनाना (२/४/३), (२/४/३)
पहाणउ-प्रधान (१/२/१५)
पहास-प्रभास देव(२/३/२)
पहिय-पथिक (१/९/९)
पहिसइ- पहला (१/२/३)
पाउर-प्रचुर (१/६/४)
पायंभोरुह-चरणकमल (२/३/७)
पायार-प्राकार (१/२/१६)
पारणा-आहार (१/२/१४)
पाहुड-पाहुड ग्रन्थ (१/१४/१२)
पिउ- पिता (३/१३/७)
पियाणु- तिगुनी सेना (३/२/१३)
पीढु- सिंहासन (१/४/५)
पीयंवर- पीताम्बर (नारायण) (१/१/१४)
पीलणु- हथिनी (१/३/२)
पुग्गल- पुद्गल (१/८/१)
पुग्गलकम्म- पुद्गलकर्म (१/८/१०)
पुत्त- पुत्र (१/१/१२)
पुरीस- पुरीष (मल) (३/१६/५)
पुरोहिउ- पुरोहित (३/१४/३)
पुलिंद- पुलिन्द (२/४/५)
पुहइ- पृथिवी (१/६/४)
पोउ- पोत (३/१४/३)
पोट्टलु- पोटली (३/१६/६)
पोयणपुर- पोदनपुर (२/१३/११), (२/१७/५), (२/११/१), (३/२/२), (३/१३/७)
फणि- फणि (१/४/१०)
फणि- नागेन्द्र (२/१९/४)
फल- फल (१/१/२)
फुरंतउ- चला (२/१/३)
फेडंत- काटता हुआ (२/४/३)
बंध- बन्ध (१/९/१)
बज्झइ- बाँधना (२/५/११)
बद्धाय- बधाईयाँ (१/१/९)
बलदेव-बलेदव (१/१/१३)
बाहुदंड- बाहुदण्ड (३/१०/२)
बाहुवलि-बाहुबली (१/५/१), (२/१३/६), (२/२४/१), (३/७/१०), (३/२१/३)
बिणु- बिना (१/२/२)
भंडायार-भण्डारी (१/८/९)
भद्द- भद्र (२/१/२)
भरत- भरत (१/१/३)
भरह- भरत (२/१/१)
भरहेसर- भरतेश्वर (१/४/२)
भायर- भाई (१/५/१)
भासरु- सूर्य (१/१/८)
भिउडि- भ्रकुटि (३/१५/१४)

भिल्ल- भील (२/४/५)
भुंजइ- भोगना (१/१२/६)
भुलुक्खि- लौट पड़े (२/११/७), (२/११/७)
भेद- प्रकार (१/९/२)
भेसियणरा- भेषी मनुष्य (२/८/२)
मइंद- मृगेन्द्र (३/१४/१०)
मऊ- मद (१/१४/७)
मंडलग्ग- मंडलाग्र (तलवार) (३/१/८)
मंदाइणि-मंदाकिनी (गंगानदी) (२/११/६)
मंदि- मन्दचर (शनिश्चर ग्रह) (२/२४/६)
मंदिरि- भवन (३/२/१८)
मग्गण- मार्गणा (३/४/८)
मग्गु- मार्ग (१/४/९)
मणिच्छु- मन में स्थित (२/३/७)
मम्म- मर्म (२/१/१९)
मयंगतुंग- उत्तुंग गजराज (१/२/६)
मयण- कामदेव (३/२/२)
मयमत्त- मदमत्त (१/२/६)
मयर- मकर (२/१३/३)
मयरद्ध-मकरध्वज (३/१३/६)
मयरा-मदिरा (१/८/५)
मल- कर्ममल (१/१/१०)
मलय-मलयाचल(वायु) (३/११/११)
मल्ल-मल्लयुद्ध (३/७/४), (३/१०/८)
महावीर-महावीर (३/६/४)
महाखंधु-महास्कन्ध (१/१२/११)
महिला-महिला (१/१३/७)
महिस- भैंस (२/२/१)
महीयल-महीतल (२/१/१)
मागह- मागध (२/१/१०)
मागह विंतर- मागध व्यंतर देव (२/१/२०)
माण- मान (१/१४/७)
मायंग-गज (१/४/१)
मायऊ-समाया (२/३/१२)
माया-छलकपट (१/१४/७)
मारुय- मारुत (वायु) (१/४/७)
मिच्छेस-म्लेच्छ राजा (२/६/१६)
मित्त- मित्र (सूर्य) (१/१/६)
मुएवि- छोड़कर (१/२/४)
मुक्खवित्ति-मुख्यवृत्ति (१/११/७)
मुगुडिवाइ-सजवाया (१/४/७)
मुरारी-कृष्ण (१/२/४)
मेइणि-मेदिनी (पृथिवी) (२/२४/५)
मेच्छ-म्लेच्छ (२/५/८)
मेहेसर-मेघेश्वर (सेनापति) (१/३/४), (१/३/१३), (२/९/९)
मोग्गह-मोह रूपी ग्रह (१/६/११)
मोडिवि-मोड़कर (२/३/११)
मोहणी-मोहनीय कर्म (१/८/५)
रइकंत-रतिकान्त (बाहुबली) (३/१२/६)
रईस-रतीश, कामदेव (३/८/९)
रयण-रत्न (१/२१/२)
रउ-रत (१/४/३-४)
रयणत्तय-रत्नत्रय (१/१३/६)
रयणहार-रत्नहार (२/९/१४)
रयणायर-रत्नाकर (२/४/११)
रयणाहिव-रत्नाधिप (२/४/१)
रयमल-रजमल (२/७/२)
रयवर-रतिकुमार (३/१४/१०)
रविकित्ति-रविकीर्त्ति (भरत का पुत्र) (३/१८/६)
रस- रस (१/१४/६)
रसायल-रसातल (३/८/७)
रहवर-रथ (१/१/११)
रहसुल्लिय-हर्ष से उल्लसित (२/४/२)
रहसुल्लो-रहस्य युक्त (१/३/१२)
रहु-रथ (२/३/११)
रायराएस-राजराजेश (३/१७/१)
राहु-राहुग्रह (३/३/८)
रिद्धि-ऋद्धि (२/१०/२)
रिसह-ऋषभदेव (१/२/४), (१/४/१), (२/१२/९)
रिसहेसहु-ऋषभदेव (१/१/१)
रिसि-ऋषि अर्थात- ऋषभदेव (१/१/१०)
रिसीसर-ऋषीश्वर, ऋषभदेव (२/३/२)

रुउ-रूप (१/१४/६)
रुंप्पिउ-रोक दिया (२/६/१२)
रोस-क्रोध (३/२/४)
लंगल-हल (१/२/१२)
लंकिय-अलंकृत (२/५/५)
लहु-छोटा (२/२०/६)
लोयपमाण- लोकप्रमाण (१/१०/१०)
लोयायास-लोकाकाश (१/२/११)
वइजयंत-वैजयन्तगिरि (२/४/८)
वंदमि-वन्दना (१/१/१०)
वज्जग्गि-वज्राग्नि (२/१/१२), (२/५/१७)
वट्टण-वर्त्तना (१/११/१६)
वण्णंकिउ-वर्णांकित (२/२/३)
वरंगण-वरांगना (३/३/१)
वरतणु-वरतणु नामका व्यंतर देव (२/४/१०)
ववहारनय-व्यवहार नय (१/५/१४)
वसंतउ-निवास (१/१४/४)
वसह-वृषभांचल (२/१०/७)
वसहगिरिंद-वृषभगिरीन्द्र, वृषभांचल, अष्टापद, कैलाशपर्वत (२/१०/७), (२/२३/६)
वसहसेणु-वृषभसेन, ऋषभदेव का पुत्र (१/१/१)
वसहसेणु-वृषभसेन गणधर (१/५/७)
वसुंधर-पृथिवी (२/२३/१), ३/२१/७
वसुहा-पृथिवी (१/६/१०)
वहं-व्यय (१/९/१४)
वहंतउ-सम्हालना (२/४/५)
वायर-वादर (१/६/३)
वासरुज्जय- दिन के समान प्रकाश (२/६/७)
वहिणी-वाहिनी (३/२/१३)
विंझणपरु-भेदनकारी (२/११/१९)
विक्कम-विक्रम, बल (३/१३/१०)
विक्खायतइँ-विख्यात (१/१/११)
विगय-वीतराग (१/१४/७)
विजयगिरि-विजयार्द्ध पर्वत (२/५/२२)
विजयजत्त-विजययात्रा (२/१/५)
विजयड्ढि-विजयार्द्ध गिरि (२/५/२)
विजयलच्छी-विजयलक्ष्मी (३/६/२)
विज्जाहर-विद्याधर (२/५/२)
विब्भाडहिं-उपाडना (२/५/१०)
वियासउ-विकसित (१/२/११)
विलेवण-विलेपन (३/१०/१०)
विवरि-बिल, छिद्र (२/१२/५)
विसयसरा-विषमस्वर (२/८/२)
विसहर-विषधर (नागेन्द्र) (२/२/५)
विसाद-विषाद (३/१४/८)
विहंगम-पक्षी (२/१/१८)
विहंडलु-भड़काऊ (२/२२/१८)
विहंसण-नाशक (१/७/१०)
विहूसिउ-विभूषित (१/३/६)
वीणा-वीणा (२/१८/१२)
वीरपट्टु-वीरपट्ट (२/८/१०)
वेयण-वेदना (१/१३८/१०), २/८/९
वेयणीउ-वेदनीय (१/८/४)
वेयालीस-ब्यालीस प्रकार (१/६/५)
सउ-सौ (१/५/१)
संगम-समागम (२/१/१९)
सकंदण-इन्द्र (१/१/१४)
सगोत्र-अपना ही गोत्र (३/१४/३)
सग्ग-स्वर्ग (१/२/३)
सणमोयहु-संकटमोचन (२/८/५)
सत्तंग-सप्तांग राज्य (१/३/८)
सपदेस-सप्रदेश, बहुत प्रदेश (१/१०/११)
सप्पि-घी (१/२/२)
सद्द-शब्द (१/१४/६)
समवसरण-समवसरण (२/१६/२)
समवसरणि-समवशरण (१/५/३)
समायउ-आ जाना (२/३/११)
समुज्जल-सम-उज्ज्वल (१/१४/१०)
समुम्मग्ग-समुन्मग्नजला नामकी नदी (२/६/८)
सम्मदंसण-सम्यग्दर्शन (१/७/१०)
सम्मुह-सम्मुख (१/२/४)
सयदलु-शतदल, कमल (२/२२/१२)
सयपंच-पाँच सौ धनुष (२/१३/५)

सरय-शरद ऋतु (१/३/६), (३/१/६)
सव्वंग- सर्वांग (१/५/७)
ससय-शशक, खरगोश (२/२२/१७)
ससहरु-चन्द्रमा (१/३/७)
साकेय-साकेत, अयोध्या (१/४/११)
साणु-अग्नि (१/३/५)
सायरि-सागार (१/२/१)
सारंगधारि-धुनर्धारी (३/९/५)
सावणु-सावनमास (१/३/७)
साहंतउ-साधना, जीतना (२/१/६)
साहेव्व-साधना (१/२/१)
सिंग-सींग (२/२/१)
सिंग-शृंग (३/८/१)
सिंधु-सिन्धु नदी (२/६/१०)
सिंधु-सिन्धु देवी (२/११/८)
सिंहासण-सिंहासन (१/२/४)
सिलखंड-शिलाखण्ड (२/६/१२)
सीहवार-सिंहद्वार (१/४/१२)
सुकइ-सुकवि (१/२/८)
सुज्झइ-सूझना (१/४/९)
सुणंदा-सुनन्दावती (ऋषभदेव की दूसरी पत्नी) (२/१३/२)
सुथुत्तहिं-स्तुति करके (२/३/९)
सुदाहिण-दाहिना (३/१४/१५)
सुद्धणया-शुद्ध निश्चय नय (१/५/१४)
सुद्धि-शुद्धि (१/२/५)
सुधण्णउ-धन्य है (२/३/३)
सुय-पुत्र (१/१/९)
सुरवरु-देवों से श्रेष्ठ (१/२/३)
सुरही-सुरभी, गाय (२/१९/१७)
सुहुम-सूक्ष्म (१/६/३)
सेणामुह-सेनामुख (३/२/११)
सेस-शेष (नाग) (१/१/१४), (१/११/२)
सेहर-शेखर (२/५/५)
सोणिय-श्रोणित, रक्त (३/१६/६)
सोमप्पह-सोमप्रभराजा (१/३/४)
सोवाण-सोपान (सीढ़ी) (३/९/७)
हंस-हंस (१/२/१)
हडि-लकड़ी (१/८/६)
हय-घोडा (१/१/११)
हयवर-घोड़ो का समूह (२/२/१६)
हरंत-हर लेना (२/४/४)
हर-रुद्र (१/१/१४)
हिंडइ-भटकना (१/१२/४)
हिंडइ-भ्रमण (२/४/१२)
हिम-बर्फ (२/२२/११)
हिमकुमार-हिमवन्त कुमार नामका देव(२/१०/२)
हिमगिरि-हिमपर्वत (२/९/११)
हुयासण-अग्नि (३/११/२)
हूरि- तत्काल भागना (२/२/२)

श्रेष्ठ भारतीय साहित्य

भारतीय ज्ञानपीठ